クリスタリン・イルミネーション

5つのボディーを活性化する

CRYSTALLINE ILLUMINATION

THE WAY OF THE FIVE BODIES

カトリーナ・ラファエル｜著
澤部はな｜訳

KATRINA RAPHAELL

目次

第3章 ハイ・ハート 45

第１章

ハイ・ボディー

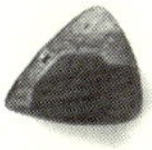

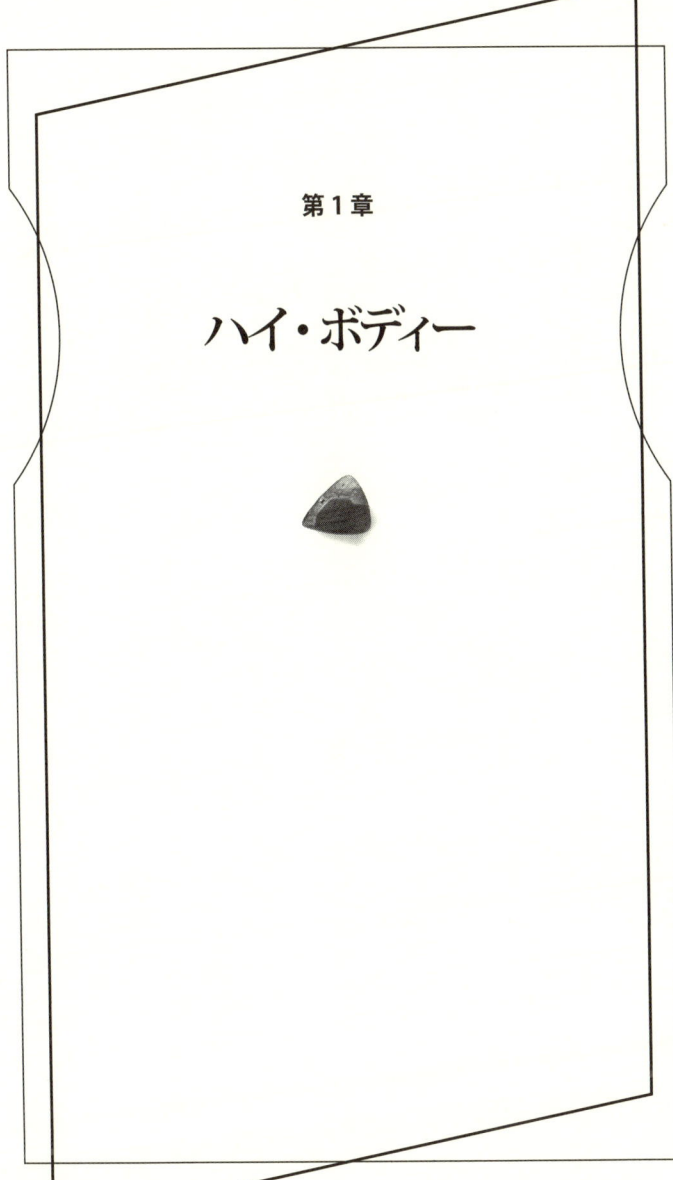

1985年に『クリスタル・エンライトンメント』、1987年に『クリスタル・ヒーリング』、1989年に『クリスタリン・トランスミッション』とクリスタル三部作を書き上げた後、私はこれ以上クリスタルについて書くことはないだろうと思っていました。この三部作では、石を使う古代のアートであるクリスタルヒーリングのレイアウトとセラピー的な使い方を紹介しました。また、マスタークリスタルとその幾何学についての情報や、12のチャクラシステムと「個人を越えたチャクラ」についての情報にも触れています。この3冊を5年間の間に書き上げ、同時に1986年にはクリスタルアカデミーを創設しました。

本を書いている間は、自分の中に入ってくるエネルギーと情報を受け取り、処理することにかかりっきりでした。そのため、3冊目の本が完成したころには神経系統が疲れきっていました。ワーカホリックになってしまい、「ノー」という言葉が言えませんでした。3冊目の本が出版されたのに、自分が教えている内容を自分自身は実践できていない、ということに気づいたのです。本の中では、12のチャクラシステムを活性化させ、統合することの大切さを訴えているのに、自分自身は疲れ、肉体的にも感情的にも健康を害している状態でした。そのため、クリスタルアカデミーに休暇を出し、ハワイに行き、2年間は文字通り冬眠状態になったのです。残っていたわずかなエネルギーは息子を育てるためだけに使いました。

その後私は回復し、クリスタルアカデミーをカウアイ島に再設立して、そこでクリスタルヒーリングの認定コースを教えることを続けました。そして1994年、上級コースを教えている最中に、この新しい本の情報を「受け取る」ということが始まりました。ちょうどその時、「シューメーカー・レビー第9彗星」という氷の結晶と宇宙の塵の塊である彗星が「拡大の惑星」である木星に衝突する、という出来事がありました。そして突然、新しい情報の切れ端がたくさん降り始めたのです。コースの休憩時間やお昼休みには、忘れてしまわないために一生懸命情報を書き留め続けたことを覚えています。

そして、その新しい情報を自分で理解し、発展させ、実行するために、13年以上かかりました。「ハイ・ボディー」という新しい情報に関わる色を持っている石を探すだけでも、たくさんの調査が必要だったのです。情報を集め、整理している際にさまざまな形で協力してくださったクリスタルアカデミーのたくさんの生徒たちに心から感謝しています。この情報は、私自身の人生において大きな成長を促してくれたため、この本の中でみなさんと分かち合っていきたいと思っています。

始める前に、これだけはお伝えしておかなければなりません。私自身は教祖でも、マスターでもありません。私は人間であり、ミスを犯すことがあってもそこから学ぼうとして生きている一人の女性です。この『クリスタリン・イルミネーション』を書き上げた後も、自分が書いたことをちゃんと実践する「有言実行」で生きていきたいと思っています。もちろん、できないときもあるかもしれませんが、瞬間瞬間に努力する、ということだけは忘れないでいたいと思います。

この本は、これまでに出版されたクリスタル三部作を読まなくても理解できるように書かれています。ただ、三部作で触れた基礎的な情報についてここでおさらいしておきます。『クリスタリン・トランスミッション』では12のチャクラシステムを紹介し、「個人を越えたチャクラ」について書きました。その中の2つであるソウルスターとアーススターについては本書でも触れています。ソウルスターチャクラは頭の約15センチ上に位置し、アーススターチャクラは足の約15センチ下に位置しています。つまり、これらのエネルギーセンターは肉体の外に存在しています。ソウルスターには私たちの個人としての魂の本質が存在しており、アーススターは聖なるエネルギーが肉体、そしてこの地球次元にグラウンディングするために必要不可欠な大地とのつながりを司っています。本書で登場する「ハイ・ボディー（訳注・より高いレベルの体）」もまた、ソウルスターやアーススターと同じレベルの周波数を持っています。ソウルスターとアーススターが活性化されると、両極のバランスが取れ、スピリチュアルな成長が加速します。ハイ・ボディーに光をともす前に、ソウルスターとアーススターを活性化しておく必要があります。より詳しい情報を知りたい方はクリスタル三部作をお読みください。

自分自身を本当に理解するためには、自分の内側に深く入っていく必要があります。本書で登場する「5つの光の体」を活性化できるのは、自分自身の魂だけです。私たちは肉体に住んでいる魂であり、この現実は「常に変化する」という法則に基づいています。でも、私たちの人生を輝かせる「スピリット」だけは決して変わらないのです。なぜなら、それこそが全ての中に存在する宇宙根源の波動であり、創造された全てに命を与えているからです。

私たちの中にもあるその本質は創造のプロセスを刺激し、サトル・ボディー（訳注・人間の持つ肉体とは別の見えない身体）を活性化させます。ハイ・ボディーは私たちが生きている間、この肉体を持っている間に自分の中に統合することができるのです。ハイ・ボディーが活性化した状態とは、色とりどりの光によって自分自身を意識的に囲んでいる状態です。この光の体たちは、人生のさまざまな変化の中でも、私たちが霊的、精神的、感情的、肉体的に強く、バランスのとれた状態でいることを助けてくれます。人類は共に新しいミレニアムに入ることができました。今こそ、私たち一人一人がよりはつらつとした、光でいっぱいの状態になるときなのです。

古いサイクルが終わり、新しいサイクルが始まるこの時代、この世界が直面しているチャレンジには難しいものがたくさんあります。生命を維持するために必要な自然の要素が乱用されたり汚染されたりすることにより、この地球上の生命は危機にさらされています。母なる自然が地球上の全ての生命に必要なエネルギーを与えてくれている、ということを人間は忘れてしまったかのようです。その人間のアンバランスな状態は、国と国や人と人の間の不調和によっても象徴されています。一見、このアンバランスは外側に存在しているようですが、実は究極的には一人一人の内側に存在しているのです。そのため、内なる自分とつながり、マインド、ハート、肉体と自分の魂を統合させていくことが、今の時代においてとても大切なのです。

『クリスタリン・イルミネーション』では、自分の中でこの統合を行うことで自分自身に力を与えるための方法を紹介していきます。その方法とは、特定の色の周波数を活性化させることで光のサトル・ボディーを意識的に作っていくことです。もちろん、クリスタルがそれを助けてくれますが、一番大事なのはあなた自身の意欲と努力です。なぜなら、ハイ・ボディーの活性化には、自分の思考、感情、行動のパターンや「在り方」を洗練させていくことが必要不可欠だからです。

人間はだれでもスピリチュアルな成長を加速させることができますが、そのためには努力が必要です。今日、人類が直面している様々な困難を考えると、一人一人の意識的な進化をとげるための努力が大切になってきます。

意欲があれば、「ハイ・マインド」を活性化することで古い思考パターンを一掃し、思考のより高い領域を開いていくことができます。「ハイ・ハート」を活性化すると、自分の中の男性性と女性性を両方尊重し、調和させることができます。「ハイ・フィジカル・ボディー」を活性化すると、肉体と感情の免疫力を高め、「今」という瞬間に意識的に存在する方法を身に付けることができます。「膝の目」の活性化は、聖なる干渉(訳注・宇宙からの導き)にオープンになりながら、自分の方向性を意識的に選択することを助けます。「足の目」を活性化することで、自分が存在しているこの場所について魂のレベルで理解すると同時に、足を通じてヒーリングのエネルギーを大地に送ることもできるようになります。

これらハイ・ボディーの活性化を助ける石の中には珍しいものもあります。ほとんどの石は、混ざり合った不思議な色をしています。この特定の色を使うというシステムは、オーラに強い影響を与えます。ハイ・ボディーに働きかけることで私たちは「ハイ・ヒューマン（より高い人間）」になっていきますが、その過程の中で、私たちのオーラは拡大し、新しい「ボディー」を身にまとった状態になっていきます。新しい色の周波数を常にオーラの中に保った状態になれば、私たちは守られ、自分の本質に沿った生き方ができ、自分の現実に光をともすことができるようになるのです。

今、私は『クリスタリン・イルミネーション』を世界に向けて発信します。この情報が守られ、ポジティブな目的のために使われることを願っています。悲しいことに、これまで私が書いた情報は、他人によって一部だけを取り出されたり、ねじまげられたりしてしまったことがあります。この情報は、そのようなことが行われないように祈るばかりです。もちろん、私が成長し、学んでいく過程の中で、この情報も以前の情報も変化していく可能性がありますが、今はこの本を産み落としたばかりの母ライオンのような気持ちです。クリスタル・ガーディアン（訳注・鉱物の世界を守っている存在たち）がこの情報と、これを善意のもとに活用する人たちを守ってくれますように！

第2章

ハイ・マインド

私たち人間のマインド（思考）は地球のその他の生物とは違う形に進化しました。私たちの脳は自分の周りの世界を理解しようとし、論理的で理性的に考えることを可能にしてくれています。考えを整理したり、記憶をさかのぼったり、未来に考えを向けることで生活の計画をたてたり、社会を形作ったりすることもできます。認識力があるため、自分の存在の本質について疑問をもったり考えたりする能力があります。「私たちはどこからきているのだろう？　なんのために生きているのだろう？　どこへ行くのだろう？」。私たちは考えることができ、その考えはパワーを生み出します。そして一番大切なのは、「そのパワーをどのように使うか」ということです。

　努力すれば、「ハイ・マインド」を活性化することができます。それは、ニュートラルな状態を保ち、裁く《ジャッジ》ことなく物事を目撃することができる気づきの状態です。ニュートラルであるとき、私たちは瞑想し、初めて無限の宇宙の本質を体感することができるのです。ハイ・マインドは知っています。私たちが脳、感情、肉体の集合体以上の存在であるということを。私たちは進化し続ける魂であり、エネルギーの存在であり、より高い周波数のエネルギー体になることもできる、ということを。

　ハイ・マインドの状態に進化することを私たちは意識的に選ぶことができます。気が散りやすく、いつも終わりないおしゃべりをしている「ぐるぐる回るマインド」が一つの考えから別の考えへと飛び回るのをやめ、より高い目的に集中することを忍耐強く教えることができるのがハイ・マインドです。このハイ・マインドのパワーを使う方法を学んでいくなかで、第六感を自然に開いていきます。扱いづらかったマインドがこれまでの枠を超えて考え、自分自身のハイ・マインドの導きにゆだねるとき、意識が拡大し始めるのです。

自分の内側を見ると、自分自身を定義し、コントロールしている思考や感情のプログラミングを発見することができます。ハイ・マインドは「ぐるぐる回るマインド」を観察することで、親や宗教、人種や国に影響を受け、繰り返し自分の中で起こる思考パターンの根っこを見つけることができます。そして、ハイ・マインドは新しく選んだ思考に移ることを選択し、意識が古い判断に基づいた思考に飲み込まれてしまうことを防ぐのです。ハイ・マインドのキーワードは「裁くことなく見ること」。ハイ・マインドは思考の試金石です。ハイ・マインドでいることに合致しない思考パターンは捨てたり変えたりする必要があるかもしれません。

ハイ・マインドのマントラは「人生は予告なく変化する」です。いかなる瞬間にも、人生は劇的に変わりうるのです。物理的な現実は変化という本質を持っていることを理解し、新しい状況に柔軟に対応する準備ができています。ハイ・マインドはサイクルという宇宙のパワーに沿って生きられる状態です。そのサイクルには生と死と再生が含まれています。ハイ・マインドが活性化した状態の人は視野が広く、現実とは継続であり、一つのステージは自然に次のステージに続いていて、どのステージも同じように価値があることを知っています。全てが変化することを知っているため、全ての瞬間を大切にすることができるのです。人間とはもろく、同時に貴重な存在であることが分かるため、他人のネガティブなプログラミングを通り越して、その人が本来持っている神聖さに気づくことができるのです。

あなたは人生の予期せぬ変化に対応できますか？　心地よくない状況で、古い考え方が出てきたとき、あなたのマインドはどのように反応しますか？　ハイ・マインドは常に変化に対してオープンです。例えば、まさにハイ・マインドについて書いている今日、こんなことが起こりました。朝起きて準備をした私は、ジムに行き、その後に大切な用事を済ませるために出かけようとしていました。でも、車が動かないのです。一度部屋に戻ってパソコンを開くと、自分のウェブサイトが見られないことを発見しました。とりあえず友人の車を借りて用事を済ませたのですが、買い物中にジュースのビンを落としてしまい、カラフルな液体をそこらじゅうにこぼしてしまったのです。その時、私は考えました。「全てがうまくいかないように思えるこんな日こそ、ハイ・マインドでいることを練習してみよう！」

もちろん、この例は小さな出来事ばかりだったので比較的簡単に対応することができました。でも、より大きな変化が起こったときはどうでしょう。愛する人をなくしたり、天災によってたくさんのものを失ってしまったり……。ハイ・マインドを活性化することによって、このような大きな変化にさえも対応していく能力が身に付き始めます。中でも一番大きな変化は、自分自身の死の瞬間を迎えるときでしょう。ハイ・マインドは魂の本質と同一化するため、物理的な生と死の間をよりスムーズに移動することを可能にするのです。

人生の角を曲がったら、これまでとは全く違う世界が待っていた――それは出会いかもしれないし、引越し、結婚、子供の誕生、または愛する人の死かもしれません。その変化が大変なものに感じられるときでも、ハイ・マインドで存在することは可能です。ハイ・マインドは変化、成長、死の本質を理解していて、自分ではどうしようもないことを受け入れる方法を知っています。人生のさまざまな変化を通過する際にあなた自身を導き、解決策を探してくれるのです。

自分の思考を見つめ《ウィットネス》、それが目的に沿ったものでないことに気づいたら、思考を変えたり、よりよい思考を見出したりしてみましょう。新しく創造したアイディアを意識的に発信、表現し、それに沿った行動をしてみましょう。ネガティブに考えることに慣れている状況でこそ、ポジティブな考えを選んでみましょう。もちろん、新しい思考を選び続けるためには時間と努力が必要です。いつでもネガティブなプログラミングを選ぶこともできるからです。でも、ハイ・マインドが活性化し始めると、今ここに存在して、自分のネガティブな思考に気づきやすくなります。それができたら、その道からはずれ、再びセンタリングして、自分の思考を変えていくことができます。思考を自分で管理し、ネガティブな考え方を新しい方向に導くことができるのは、ほかでもない自分自身なのです。

ハイ・マインドが活性化した状態では、常に聖なる神意（訳注・宇宙の自然な流れ）に進んで身を任せることができます。そうすることによって起こる出来事が変化し、結果がより望ましいものになる可能性がでてくることもあります。あなたのハイ・マインドが無限の宇宙に沿ったものになればなるほど、宇宙の広がったエネルギーがあなたの人生に影響を与えやすくなります。結果がこうなるべきだということに固執しすぎるあまりに、可能性を狭めないでください。それよりも、うまくいかない場合は手放そうという謙虚さをもっていると、今想像できるよりももっとたくさんのオプションが存在していることに気づき始めることができます。

ハイ・マインドとは、自分が元々持っている完璧さと全てとのつながりに気づいている状態です。人間として生まれたあなたは、一人でも完全であると同時に、宇宙を司っている無限のスピリットの一部であり、他の全ての一部であり、この地球のかけがえの無い一部でもあります。ハイ・マインドは人生に起こる全ての出来事に関連しているより高いパワーに沿っています。ハイ・マインドの能力を開発することでより大きな視点から物事を見て、全ての出来事に価値があるということを見るための力やクリアーな視野を得ることができます。全ての出来事、そして全ての瞬間に尊さを感じられるとき、それこそがハイ・マインドの状態で生きているということです。

自分自身のマインドを知ることはとても大切です。自分の今の思考が空想、幻想、欲望、投影なのか、それともハイ・マインドからくる内なる知恵のクリアーな共鳴《レゾナンス》なのかを識別できるようになる必要があります。誰しも、生きている間にハイ・マインドの状態を体験する瞬間が時々あるかもしれません。それは疑いもなく「真実だ」とはっきり分かる状態です。深い瞑想中やクリスタルヒーリングを受けているときにこのハイ・マインドの状態になることは比較的簡単です。しかし、日常生活の瞬間瞬間にその気づきを体験し、常にハイ・マインドに住まうことも可能なのです。

ハイ・マインドは恐れの支配に屈することはありません。この世界において、私たちはみな「恐れウィルス」に感染しています。恐れのプログラミングが多くの人に影響を与え、操作しています。意識的であれ無意識であれ、恐れから行動しているとき、その人が持つクリアーで論理的に考える能力が阻まれてしまいます。そして、「聖戦」や「原罪」などの宗教的な観念によって集合マインドがプログラミングされていることで、「魂を持つ存在」という真実の自分から切り離された状態で生きている人もたくさんいます。人間は生まれつき罪深い存在である、ということを信じていると、ただ生きているだけでとても窮屈に感じてしまいます。このようにして私たちは分離の恐怖によって潜在意識的にプログラミングされ、自分が本質的に「充分ではない」という幻想を信じ続けてしまうのです。

すると、まるで自分が重い荷物をいつも背負っているように、自分のせいではないことに対しても責任を感じてしまうことがあります。例えば、昔々ある女性がりんごを食べたという理由で、「自分は女性だから足りない部分がある」という思い込み。このようにして自分をおとしめていると、この信念を伝播する存在や体系によって支配され、操作され続けてしまいます。

私たちは内側で強く平和な異議を唱える必要があります。自分自身に対して「この考え方には参加しない！　このネガティブな思い込みを受け入れない！」と意識的に言うことが大切です。これまでは無意識的に参加してきたものから一歩引いて、思い込みや信念の外からそれを観察してみることほど力強いことはありません。ハイ・マインドが活性化すると、ネガティブな思い込みを見抜き、それを意識的に再プログラミングする能力が芽生えます。他人の人柄やエゴに惑わされず、それぞれの人が持つ素晴らしい本質を見抜き、それが表現されるように助けることができるのです。古い思考パターンを刺激するのを回避できるたびに、私たちは自分の思考や信念を自由に選べるようになります。

ハイ・マインドは存在の深い部分とつながっているため、自分自身の魂の真実を知っているのです。ハイ・マインドはスピリットの内なる源泉との強い絆を持っています。そのつながりが確立すると、マインドはより穏やかになり、ハートで感じる思考を持続しやすくなります。ハイ・マインドは全ての瞬間に意識的に存在することができるため、自分の魂に沿った選択をする力を与えてくれます。

私たちはみな、自分自身のマインドのより高いパワーを開発することができます。そこから、新しいコンセプトや対応方法が生まれてきます。霊的に安定したマインドを反映した視点こそ、今の変化に満ちた時代の中で焦点を合わせ続けることを助けます。ハイ・マインドを活性化するためには、自分自身の思考のプロセスを観察し、瞬間瞬間に意識的な変化を起こすための日々のトレーニングが必要となってきます。

ハイ・マインドの色と石を置く位置

ハイ・マインド・ポイント（ハイ・マインドを活性化するために石を置く位置）は額で、サードアイ・チャクラの約5センチ上の場所です。ハイ・マインドはマゼンタという色によって活性化されます。マゼンタは原色である赤と二次色である紫（赤＋青）の組み合わせからなる色です。つまり、マゼンタには赤が2に対して青が1含まれます。

赤は活動、創造、再生、セクシュアリティー、生命力の色です。マゼンタに多く含まれる赤のエネルギーを使うと、思考が高揚した状態に導かれ、常に存在している目に見えない力を理解することにつながります。紫色はマインドが魂レベルの気づきと直感的な知恵に同調することを助けます。紫に含まれる青色は平和をもたらし、忙しい生活の中でもマインドが平静さを保つことを助けます。

マゼンタには赤が多く入っているので、とてもパワフルです。この色はハイ・マインドを活性化し、脳下垂体と松果体を刺激して新しいシナプスが作られるのをサポートします。このことにより、古い恐れに基づいたプログラミングを保っている神経の道筋に変化が現れます。ハイ・マインドの役目は、期限切れの観念や態度を意識的に再プログラミングし、「全てはつながっている」という波長に沿った新しい思考を作っていくことです。

恐れに基づいた考えを自分の中で発見した瞬間、口に出して「キャンセル！　クリアー！」と言ってみてください。そしてマゼンタ色の光を呼吸するイメージをすることでハイ・マインドに集中します。

横になれる状況であれば、マゼンタ色の意思をハイ・マインド・ポイントに置き、恐れに基づいた思考を手放すことを意図してもいいでしょう。どちらのやり方でも、ハイ・マインドに集中したら、自分が望んでいる平和や明確さを表す新しい考えを思い浮かべることで、意識的にマインドを再プログラミングしてみてください。

マゼンタ色の石がそばにない場合でも、色だけ思い浮かべ、その瞬間に思考の質を変えていきましょう。それは、自分の考えを否定したり抑えたりするのではありません。ネガティブな考えが浮かんできたら、そのことを認めたうえで意識的に変えていくのです。これは、練習すればするほどやりやすくなります。そして、新しいプログラムが現実化しやすくなります。なぜなら、自分の思考を意識的に変えるたびに、ハイ・マインドに続く内なる橋が少しずつ強化されていくからです。

ハイ・マインドの瞑想

多くの瞑想は目を閉じた状態で行い、気づきを内側にもたらします。ハイ・マインドの瞑想もそのやり方でもできますが、同時に瞬間的に行うこともできます。センタリングする必要性を感じ、意識をより高めたいときに行ってみてください。例えば運転中に渋滞にはまったとき。このようにいら立ちや焦りが促される状況では、自動的に他の車に怒りを向けたり内側でイライラしたり「時間の無駄だ！　最悪！」などと考えたりしがちです。

それを考え、感じ、言葉にし、行動している最中の自分に気づいたら、口に出して「キャンセル！クリアー！」と言いましょう。そして、吸う息とともにマゼンタ色があなたの脳の奥深くに浸透していくのをイメージします。息を吐くときは、マゼンタの色があなたの周りにも広がっていくのを意識します。それに集中している瞬間は、ネガティブなプログラミングをとめている状態なので、ハイ・マインドへと視点を切り替えることが可能になります。マゼンタを呼吸し続けているとオーラの色が変化し、古い考え方や感じ方を変化させる機会が訪れます。ハイ・マインドに気づきをもたらし、自分がどのように対応したいか、どのような考え方を選ぶか、それがどのような感覚につながるかを選びましょう。マゼンタ色に集中しているとき、あなたの中のいら立ちを変容させることができます。例えば、次のような思考を選ぶこともできます「私は今、自分自身の呼吸に助けられて、内側で平和を感じることができます。宇宙とつながり、自分を愛し、周りを愛することができます。この瞬間、私は自由です」

新しいプログラムが安定し、自動的に機能するようになるまでには、少し時間がかかるかもしれません。でも、ネガティブな考え方が出てくるたびに対応していれば、少しずつ自分を引き上げ、意識をより高いレベルにもたらし、更に自分の考えに明確に気づきを持たらせるようになっていきます。

マゼンタを呼吸するたびに、自分自身をマスターする旅を一歩、また一歩進むことができるのです。

どうしても困難を感じるときやどうしようもない状況のときは、マゼンタの広角ヴィジョンでハイ・マインドに逃げ込みましょう。まず楽な姿勢で座り、深い呼吸を繰り返してマインドを静めていきます。この呼吸だけでも、ハイ・マインドを活性化するエクササイズになります。その後、マゼンタ色を思い浮かべます。マゼンタ色の石を持っていたら、横になってハイ・マインド・ポイントに石を置きます。石がない場合は、目を閉じてマゼンタを強くイメージし、呼吸とともに脳に出入りするマゼンタ色をヴィジュアライズします。

横になっていても座っていても、息を吸ってマゼンタ色を脳の中心に入れることで、脳下垂体と松果体を刺激します。吐くときには、美しいマゼンタがオーラに広がるのを意識します。この呼吸を11分間続けましょう。意識はハイ・マインド・ポイントに保ちます。こうすることでハイ・マインドに同調することができるので、瞑想が終わった後に再び問題について考えるときはより広い視野で対応することが可能になります。この11分間のエクササイズを毎日続けると、低いマインドから出て、ハイ・マインドの視点に戻ることがより簡単になっていきます。

ハイ・マインドが活性化し、マゼンタの周波数がオーラに広がっている状態になると、その洗練された微細なエネルギーが独自の体を作り始めます。まるで、オーラがマゼンタ色の衣をまとっているような状態になるのです。ハイ・マインドを強化したいときは、いつでもマゼンタ色を脳深く吸い込み、オーラにきらめく色彩で吐き出してみてください。

マゼンタ色の石

マゼンタ色の石は珍しく、比較的高価な物も多いです。この色の石を見つけ、使い方を理解するまでには何年もかかりました。全てのマゼンタ色の石には共通する特徴がありますが、同時にそれぞれの石は独自の特徴や効果も持っています。そのため、ハイ・マインドの活性化に使う場合、それぞれの石の特徴も考慮する必要があります。例えば、ルビーを使う場合、その石が持つ六角形の幾何学が意味する調和とバランスは、他の石とは違う独自の効果をもたらします。ここで紹介するもの以外にもマゼンタの石がありますので、ぜひご自分でも探してみてください。

ハイ・マインド活性化という目的のために使う石は、必ずマゼンタ色が出ているものにしてください。マゼンタ色の石の中でも、赤寄りや紫寄りのものがあるため、できるだけ赤と紫が完全に混ざり合い、赤の強さが出ているものを探してみましょう。そして、クリスタルを使うときは、知識、尊重、謙虚さを持って、石に同調して使っていくことが大切だということを覚えておいてください。

ルビー　Ruby

ルビーはコランダムという種類の石であり、六角形の自然結晶を持っています。ルビーの原石の表面には三角形がはっきりと現れることもあります。ルビーが持つ赤のクリエイティブなエネルギーがハイ・マインドに同調すると、創造性のエネルギーが強く刺激されます。

六角柱のルビーの原石を使う場合、革新的なアイディアや洞察、突破口が促されるかもしれません。ルビーはマインドを活発で創造的でインスピレーションを与える世界に導きます。何かを紐解きたいとき、古い問題に新しい解決策をもたらしたいとき、独創的なアイディアを欲しているときなどにルビーをハイ・マインド・ポイントに置いてみてください。六角柱のルビーを使うと、想像力やクリエイティブな表現を制限していた古い思考パターンから自由になる大きな可能性がもたらされるかもしれません。

マインドが活発で刺激のある思考とコミュニケーションに入っていくことをルビーは促します。生命力が高まるので、それをポジティブでクリエイティブな方向に使っていく責任が問われる石でもあります。原石や宝石質のルビーは特にパワフルなので、明確な意図と目的のために使うことが大切です。

ケメレライト（菫泥石《きんでいせき》）　Kaemmererite

ケメレライトは珍しい石で、クロムという成分が存在することによって深いマゼンタの色を作られています。ケメレライトは低いマインドがハイ・マインドへの境界線を越えることを助けます。ハイ・マインド・ポイントに置くと、脳の中の微細な通り道をマゼンタ色に染め、右脳と左脳のバランスを促します。左脳は理性的、論理的、直線的な思考を司り、右脳は創造的、直感的、洞察的な能力を司ります。その二つのバランスがとれると、ハイ・マインドは両方の能力を活用し、五感を通じて広がった視野を得るための道筋を開きます。

右脳と左脳のバランスを取ることは、頭蓋骨と脊椎をとりまく脳脊髄液に微細な影響を与えます。ケメレライトはこの微細な流れの循環とリズムを正常なものにするための自己治癒力をサポートします。この石と一緒に瞑想すると、頭蓋骨がかすかに調整されているような動きを感じる人もいます。また、瞑想後に聴覚、視覚、味覚、嗅覚、触覚の感度が高くなるということもしばしば起こります。この石を活用すると、まるで思考をクリアーにするシャワーを浴びたような状態になります。低いマインドを浄化しバランスさせ、神経系統を落ち着かせることによって、ハイ・マインドの領域へと入っていくことができるのです。

エリスライト　Erythrite

エリスライトはコバルトを豊富に含む鉱物で、深い赤紫のマゼンタ色をしています。この石は細かく針のようにとがった結晶が放射状に集まっている美しい形をしています。それぞれの結晶は小さく、板状で、条線と先端を持っています。可愛らしい石ですが、砒素を含んでいるため、この石からはジェムエッセンスを作らないでください。

エリスライトはピンクみが強く、ハイ・マインドに使うときも「ハートで感じる感覚」をもたらします。感情体と直接つながる能力を持っているのです。そのため、混乱した感情や静まらない感情をハイ・マインドの視点とバランスさせたいときには最適な石です。自分の考えと感情がちぐはぐに感じるとき、エリスライトはバランスをもたらすことを助けます。エリスライトが感情にハイ・マインドの存在感を伝えることによって、クリアーな洞察力とニュートラルな視点で解決策を選択していくことが可能になるのです。

エリスライトの喜び溢れるエネルギーは感情を軽やかにし、ハイ・マインドの状態でいるときに喜びを感じ、表現することができやすくなります。突然踊りたくなったり、遊びたくなったりしても驚かないでください。クリアーなマインドとオープンなハートで自由な動きを表現し、外側へと広げていくことはとても大切なことです。

ベスビアナイト　Vesuvianite(Idocrase)

ベスビアナイトにはアイドクレースという別名があります。これはギリシャ語で、「混ざり合う形」をいう意味を持ちます。名前のとおり、この石は複数の鉱物が結晶化したものです。ベスビアナイトはさまざまな色を持ちますが、マゼンタ色のものの多くはカナダのケベックで産出します。その他、イタリアのベスビオス火山でも採れるためにベスビアナイトという名前を持っています。結晶は比較的短く、プリズムのような状態で透明感を持ち、宝石として分類されます。

マゼンタ色のベスビアナイトはハイ・マインドに輝きを与え、軽やかさと内なる平和の感覚をもたらします。明るく、優しく、全ての思考をより深い洞察によって輝かせます。ベスビアナイトは暗い影になっている思考パターンを見つけたら、それをよりポジティブな光のもとで解釈しなおすことをサポートします。そのように内側を見て意識的に再プログラミングするときにも、視野を広げ、自己批判を和らげることを助けてくれる石です。

ユーダイアライト　Eudialyte

この石の多くは旧ソ連地域で産出します。ユーダイアライトの複雑な構造の中には、稀少元素を含むさまざまな元素が存在しています。この石の深いマゼンタ色は、私たちが他人と交流する際に、思考、言葉、行動に自覚を持つことを促します。

ユーダイアライトはパートナーシップ、グループ、コミュニティーなど、複数の人間が共通の目標に集中することを助ける石であり、人道的な目的のためのプロジェクトや社会に役立つ仕事などを行う際にとても役立ってくれます。赤色が持つクリエイティブなエネルギーを活用し、他人と一緒に具現化していく目標に使っていくことをサポートする石なのです。人間が内側にもっている温かさを引き出し、それぞれの人のハイ・マインドが協力することによって友情を築き、共通の目的を達成することを促します。

ラブラドライト　Labradorite

黒やグレーがベースになっていながら、緑、青、金色、マゼンタなどさまざまな色を反射する石です。ハイ・マインドに使うためには、マゼンタが強く出ているラブラドライトを選んでください。マゼンタ・ラブラドライトは思考や態度をハイ・マインド的なものに変化させていくことを助け、起こった出来事をポジティブに解釈していくことをサポートする石です。狭い視野でしか見えていなかった古い見方を謙虚で感謝に満ちた新しい見方に変えていくのです。

何かが起こると、私たちは自分の経験や信念に基づいてそれを解釈します。「この出来事が起こった」ということは事実ですが、それをどのように解釈するかは本人次第なのです。そこから立ち直り、手放し、ハイ・マインドの状態で生きるためには、その出来事に対する見方を大きく変えていく必要があるかもしれません。マゼンタ色のラブラドライトは起こった出来事のポジティブな面を見つけ、その出来事が教えてくれたことを受け取り、「過去を安らかに眠らせる」ことを助けてくれます。自分の見方を変えることによって人生を変えていくことを促す石なのです。

マゼンタ・ラブラドライトは「夢の石」でもあり、夢を通じて情報を受け取ることを助けます。寝る前に自分自身に問いかけをしてみてください。例えば「今、新しい仕事をやってみないかと声をかけられているけど、それを選んだほうがいいのだろうか?」など。そしてマゼンタ色のラブラドライトを2つ用意し、両手に1つずつ持って、自分自身のハイ・マインドに答えを導いてくれるようにお願いしてみましょう。2つの石を枕の下におき、ベッドのとなりに紙とペンを用意してそのまま眠りにつきましょう。そして、起きてすぐに、寝ている間に見た夢について覚えているかぎりのことを書き留めてください。パズルのピースがそろうように答えが明確になるまで、毎晩同じ質問をしてから眠りについてみましょう。毎日瞑想や夢のワークに使う事で、ラブラドライトが輝きを増していくこともよくあることです。

マゼンタ・レピドライト Magenta Lepidolite

マゼンタ色のレピドライトは、薄いピンクや紫のレピドライトに比べると手に入りにくい石です。深いマゼンタ色のものは上質なレピドライトです。この石に含まれているリチア雲母は柔らかく、白銀色の金属であり、とても軽い元素です。リチア塩は躁うつ病や総合失調症などの困難な精神状態の治療に使われています。

マゼンタ色のレピドライトはハイ・マインドに刺激を与えることで感情のバランスをサポートしま

す。自分の感情にあまりにも自己同一化している状態から、ハイ・マインドの意識的な印象を感情に統合していく状態へと変化することを促すのです。特に、心配性やパニック症の人、落ち込みや悲しみが激しいときなどに役立ちます。この石は思考と感情の間のつながりを落ち着かせることで感情的な重さを和らげ、そのエネルギーをハイ・マインドへ引き上げていきます。ハイ・マインドから見ることで初めて心と体のつながりが明らかになり、自分が一つの感情に執着しすぎている状態に対応できるようになるのです。マゼンタ・レピドライトの助けを借りることによって、強い感情の中を軽やかに歩き、ハートとハイ・マインドのバランスを取ることによって自分をより客観的に見ることが可能になります。

マゼンタ・フローライト　Magenta Fluorite

さまざまな色を持つフローライトは全般的にはマインドに働きかける石ですが、その中でもマゼンタ色のフローライトはハイ・マインドに対応しています。マゼンタ・フローライトはクラスター（群《ぐん》晶《しょう》）状に形成することが多いですが、まれに八面体としても産出します。この石を使うことによって、忙しいときでもハイ・マインドを活性化した状態に保つことができます。

マゼンタ色のフローライトのクラスターはたくさんの小さな立方体によって成り立っており、まるで整理整頓された未来の宇宙都市のような光景です。この石はマインドを整理した状態で目の前のことにしっかりと集中することを助けます。仕事のデスクやコンピューターのまわりに置くには最適な石です。今やるべきことを成し遂げるためにハイ・マインドの能力を意図的に使いたいときには、この石の助けを借りてみてください。

マゼンタ・フローライトが近くにあると、ハイ・マインド的な考えが浮かんできやすくなります。インスピレーションや新しいアイディアが浮かぶことによって「そうだった！」という気づきの瞬間が訪れ、問題に明確な解決策がもたらされるのです。マゼンタ・フローライトのクラスターや八面体は日常生活の中の「活発な瞑想」を促します。それは、目を開けてしっかり行動しながらもハイ・マインドに焦点を当てられている状態です。この石は直感と思考を統合し、日常生活での行動に役立つ実践的なガイダンスを与えてくれます。

マゼンタ・トルマリン Magenta Tourmaline

トルマリンもまたさまざまな色を持つ石ですが、マゼンタ色のものはルベライトと呼ばれるピンク色のものよりも珍しく、深い赤と青が強く出ています。トルマリンには条線と呼ばれる縦方向の平行線がいくつも存在することで大きなエネルギーが流れています。

マゼンタ色のトルマリンは重くなっている思考パターンにエネルギーの波をもたらすことでハイ・マインドの光を強めていく石です。自分や他人をネガティブに見てしまうというくせから抜け出したい場合にぜひこの石を使ってみてください。ポジティブな態度を保ちながら行動を起こすことを助けてくれます。マゼンタ・トルマリンはポジティブな感情を表現するためのハイ・マインドからの道を作ります。

マゼンタ・カルサイト　Magenta Calcite

マゼンタ色のカルサイトはコバルト・ピンク・カルサイトに似ていますが、より深く豊かな赤色をしています。カルサイトは全般的にはマインドに働きかける石で、「変化しやすい」というキーワードを持っています。例えば、ネガティブな考え方からポジティブな考え方に瞬時に切り替えることを助けてくれます。中でもマゼンタ色のカルサイトはハイ・マインドに使うことで思考を喜びのエネルギーで輝かせることを促します。

会話や行動をするとき、軽やかな気持ちを保つ能力を育て、笑いや頭の回転の速さ、楽しい受け答えを助けるため、内気で他人と関わるのが苦手な人や、しゃべるのが苦手と感じている人におすすめの石です。マゼンタ・カルサイトは楽しく、ハイ・マインドに基づいてスムーズに流れるような交流を作ることをサポートしてくれます。

ローゼライト　Roselite

とても美しい石です。深い赤と青の色はコバルトという成分からきています。コバルトの含有量が増えるとマゼンタ色は更に濃くなります。この石もまた砒素を含むため、ジェムエッセンスには使用しないでください。質のいいローゼライトはモロッコ産のものが多いです。ローゼライトは感情的な悩みを感じている人に役立ちます。優しくなだめてくれる石でありながら、ネガティブな思考と感情のプログラミングに対して免疫力をつけることを促します。ハイ・マインドによって自分自身に対するポジティブな自己イメージを得ることで、苦しみを意識的に手放して自分に自信を持つことをサポートします。

ローゼライトはハイ・マインドを刺激して、かつて自分を守るために創り出した態度や行動による深い信念体系に対応することを促します。また、困難な出来事を体験したあとで再び心を開いていくことを助けます。そのため、ＰＴＳＤに悩む人にとっても最適な石です。ローズライトは、ハイ・マインドが持つ新しい資源を使うことで自分自身を癒す考え方を見つけ、荒々しい感情を和らげていきたい人に役立ってくれます。

マゼンタ・ガーネット　Magenta Garnet

ガーネットには多くの種類が存在し、それぞれ別の名前を持っています。マゼンタ色のガーネットには主に二つあり、アルマンディン・ガーネットとパイロープ・ガーネットです。

ガーネットは、化学組成にわずかな変化が起こることによって多様な種類に形成される石であるため、根源的《プライマル》な統一性を保ちながらも形を変えるという能力を持っています。マゼンタ色のガーネットは力強いエネルギーを発しており、自然のままの状態で魅力的な幾何学模様をもっています。マゼンタ・ガーネットのエネルギーを受け取ることで、変化の極意を学び、常に変化し続けているこの世界に柔軟に対応する能力を高めていくことができます。

ガーネットは、自分と意見が違う人がいても、それぞれの違いを受け入れることを教えてくれます。自分とは異なる思想や信念を持っている人に会う予定があるときは、ぜひマゼンタ・ガーネットを持っていってください。あなたと相手との食い違いが大きいものであっても、根底には共通点が存在していることを受け入れ、つながりを作っていくことを助けてくれるでしょう。

ハイ・マインドは、もともと全てはつながっているということを知っています。マゼンタ色のガーネットはハイ・マインドに働きかけることで、他人との統合を作り出すことを助けます。この石は、全ての人には独自の意見を持つ権利があるということを私たちが認識し、受け止めることをサポートしてくれます。相手が変わるべきだ、と強要せず、自分自身が柔軟になることを助ける石です。柔軟になれれば、さまざまな意見や新しい考えを受け入れるための道が開けるかもしれないのです。

マゼンタ・ガーネットは、自分がいつも正しいと思っている頑固で頭が固い人を和らげるのを助けることもあります。自分が妥協することなく、異なる意見の人や困難な状況に対応するためにカメレオンのように変化する能力を身に付けることで、裁《ジャッジ》くことのない心の状態を促進してくれます。

ハイ・マインド・レイアウト

このレイアウトのためには、マゼンタ色の石を1つ、アズライトのノジュール（球状の原石）を1つ、カヤナイトのワンド（棒状）を1つ、ロンボイド形（偏菱形）のクリアー・カルサイトを5つ、そしてブラック・トルマリンを4つ用意してください。ハイ・マインド・レイアウトは毎日行ってもかまいません。石を置き、深い呼吸ができていることを確認してくれる協力者が必要です。

仰向けになり、ハイ・マインド・ポイントにマゼンタ色の石を置いてください。石の種類は自分が望んでいる働きに合ったものを選びましょう。アズライトのノジュール（塊）をサードアイに置くことで、潜在意識のブロックを超えることを助けます。カヤナイトのワンドはコーザルチャクラ（訳注・後頭上部の真ん中にあるチャクラ。詳しくは『クリスタリン・トランスミッション』30頁を参照）に置くことでマインドを落ち着かせ、新しい考えを促進します。クリアー・カルサイトは喉、ハート、太陽神経叢、お臍、そしてクリエイティブチャクラ（訳注・お臍の3～4センチ下に位置するチャクラ）に1つずつ置き、ハイ・

マインドのエネルギーを全てのチャクラに橋渡しします。ブラック・トルマリンはベースチャクラと足下15センチのアーススター、そして両手に置くことでこのエネルギーを肉体に根付かせていきます。

石を置き終わったら深い呼吸を始めます。息を吸うときに、明るいマゼンタ色がハイ・マインド・ポイントから脳に入ってくるのをイメージします。息を吐くときはマゼンタ色が脳の中心からチャクラ・システムを下って、足下のアーススターにつながるのをイメージします。呼吸に焦点を合わせ、マゼンタのエネルギーをマインドの深いところまで導くことで、古い思考パターンを変容させていきます。そして、そのエネルギーをチャクラにいきわたらせ、地球へとつないでいきましょう。

マゼンタ色をイメージすることにハイ・マインドを集中させることで、呼吸に全ての焦点を保つようにしてみてください。思考はさまよいやすいものですが、気が散っていることに気づいたら、その都度呼吸に焦点を合わすことで、自分の魂の本質がハイ・マインドを導いている状態に気づき始めることができます。自分のマインドを導いている部分(真実の自分)に自己同一化してください。思考がさまようたびに、何度も何度も呼吸に焦点を合わすことを繰り返すことで、思考がより高い目的を果たすことにつながっていきます。

このレイアウトは毎日11分から22分くらい、またはマゼンタ色に注意を保ち続けられる時間の長さで行ってみてください。マゼンタ色があなたの気づきを満たし、全てのチャクラに高い周波数を根付かせている様子をイメージしましょう。どのエクササイズやレイアウト、瞑想でも同じですが、集中力を保てなくなったら終了してください。このレイアウトでは、集中できなくなってからも石を置いたままにしていると、頭痛がしてくる可能性もあります。レイアウトが終わったら石をはずし、浄化してください。

このレイアウトはモニターと共に行う。モニターは石を置き、スペースを保ち、時間を計り、受け手が常に深い呼吸をしていることを確かめる。

目的：
マゼンタ色によってより大きな気づきをハイ・マインドにもたらし、それをチャクラ・システムにグラウンディングして古い思考（ルビ：メンタル）パターンを変化させる。

必要なもの：
使いたいマゼンタ色の石を 1 つ、アズライトのノジュールを1つ、カヤナイトのワンドを 1 つ、ロンボイド形のクリアー・カルサイトを5つ、ブラックトルマリンを1つ。

やり方：
・マゼンタ色の石をハイ・マインド・ポイントに置く。アズライト・ノジュールをサードアイに、カヤナイトのワンドを後頭部に触れるように置く。ロンボイド形のクリアー・カルサイトを喉、ハート、太陽神経叢、臍、クリエイティブチャクラに1つずつ置き、ブラックトルマリンをベースチャクラ、両手、アーススターに置く。
・深く呼吸をする。息を吸うときに、明るいマゼンタ色がハイ・マインド・ポイントから脳に入ってくるのをイメージする。息を吐くときはマゼンタ色がチャクラ・システムを下ってアーススターに錨を下ろすように導く。
・この呼吸を 11 分〜22 分、または集中力が途切れるまで繰り返す。
・石をはずす。このとき、マゼンタ色の石を最後に取るようにする。石を浄化する。

ハイ・マインド・レイアウト

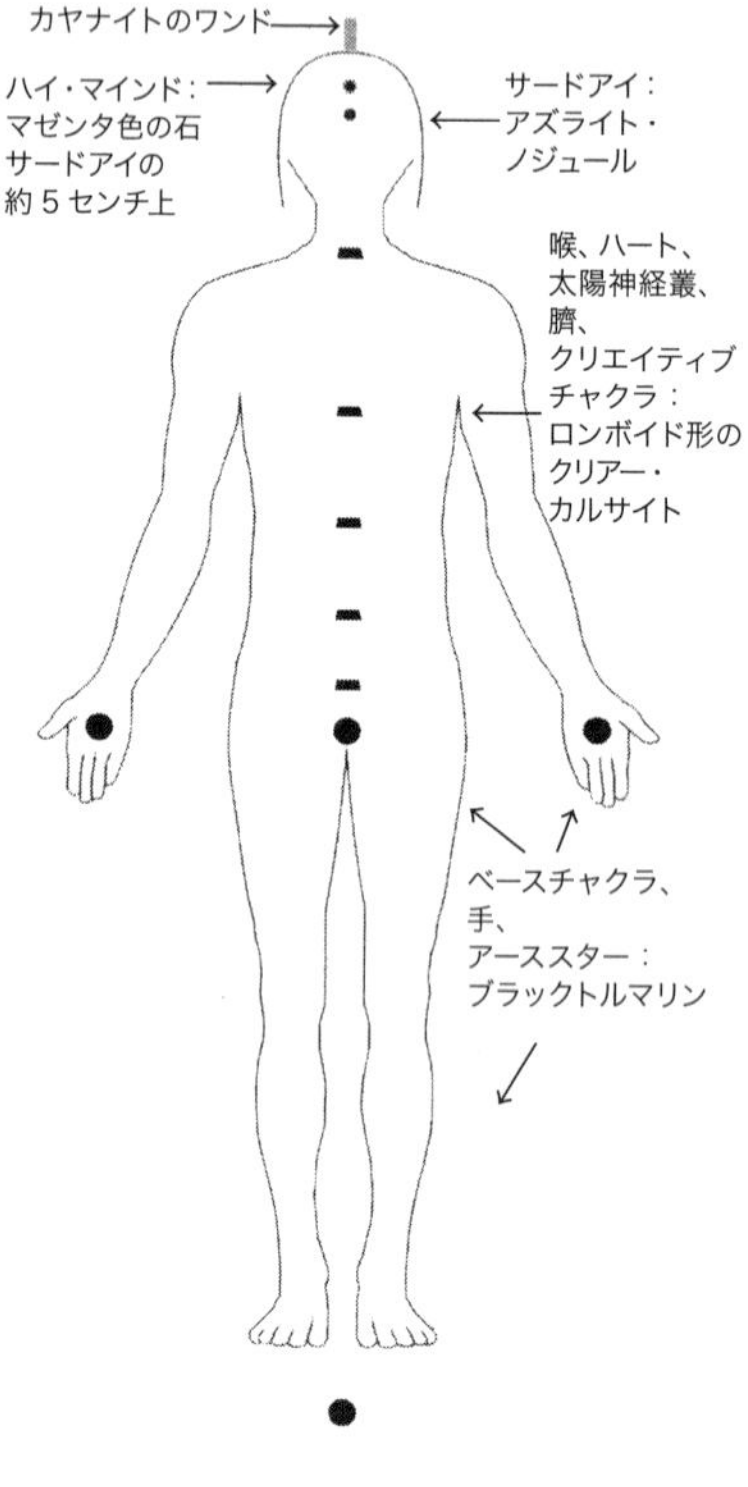

第3章

ハイ・ハート

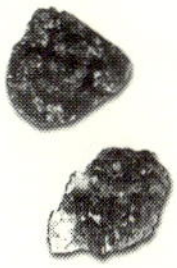

人間の心臓《ハート》はとても大切なものです。母の胎内にいるときから鼓動が始まり、人生最後の呼吸が終わるまで常に命を刻み続けています。日常生活の中で「今、心臓が鼓動している」と考えたり感謝したり、心臓のリズムや命の絶えない流れを感じたりする人はあまりいませんが、それでも心臓は常に動き続けています。そのようにして、一生を通じてリズムを刻んでいくのです。

クリスタルヒーリングを実践すると、私たちが肉体とのつながりを失い、病気を創り出してしまう背後には、霊的、心理的、感情的な影響がある、ということが分かります。その霊的、心理的、感情的アンバランスに最も敏感に反応するのが「心臓」です。今日、多くの人が心臓の病気で亡くなっていますが、その根本原因に対処する治療はとてもまれです。逆に、自分自身の心臓と意識的に仲良くなることができれば、かけがえのないものを手に入れることができるのです。

これまで、自分の心臓がどのように感じているかに注意を向け、耳を傾けたことはありますか？やってみると、心臓には言いたいことがたくさんある、ということに気づくかもしれません。過去の人間関係で感じた「ハートの痛み」が残っている、と感じるかもしれませんし、「ハートブレイク」の記憶がよみがえってくるかもしれません。ハートチャクラ(胸の真ん中)に未解決の問題が記憶されることによって、特定の思考や感情のパターンが作られ、物理的な心臓の状態にも影響を与えています。

私たちは、両極の世界に生きています。太陽と月、昼と夜、光と闇、陰と陽、男性と女性、そして一人一人の判断による「善」と「悪」。私たちが男性の肉体に生まれようが女性の肉体に生まれようが、内側には男女性両方の側面を持っています。それぞれの極の中には、対極が含まれているのです。陰と陽の両方がお互いを受け入れあってこそ、この世界は完全なものになります。私たちの中には天と地が両方存在します。また、常に呼吸をすることで、外側から貴重な酸素を取り入れ、二酸化炭素を返しています。私たちは、命を与える力と常に交流を行っているのです。

歴史の遥か彼方を見ると、人間がどのようにして時の回廊を旅して来たかが分かります。例えば、人間の進化の初期段階では、最高神を「女神」ととらえて信仰する宗教が多く存在したことが分かっています。女神信仰の文化は同時に世界のさまざまな場所に存在していました。この地球とそこに存在する全ての生命は女神の恵みだと考えられていたのです。

女神信仰は主に新石器時代の始まりである紀元前7000年から、紀元後500年に最後の女神神殿が閉ざされるまで存在していましたが、専門家によっては紀元前2万5000年ごろまでさかのぼることができるとしています。女神が持つ、命を創り出す力と豊穣をもたらす力が崇められていたのです。これらの文化は、生きるために大地が与えてくれる食物を大切にするため、太陽や月や星、そして自然をとても尊重していました。また、自ら命を生み出すことができる女性の能力も尊重されていました。母系の文化であり、多くは戦争を好まず、平和な生活をしていました。もちろん、男性も社会の大事な一員ではありましたが、治めているのは大いなる女神だったのです。

その後、ユダヤ教、キリスト教、イスラム教と父系的な宗教が確立することによって、振り子が逆に振れ、女神のパワーは暗い記憶に沈みました。キリスト教の初期から17世紀の終わりごろまで、女性の力は抑圧され、悪とされてきました。自然療法や薬草の知識がある人、産婆など、優れた能力を持った女性の多くは「魔女」と呼ばれ罪に問われ、火あぶりにされました。何千年もの間、私たちは父系の文化の中で生きてきました。そこでは、神は男性です。そして女性は、遥か昔にイブがりんごを食べたときから、人類にとって苦しみを創り出す存在と言われるようになったのです。

そして今日、陰と陽の力がアンバランスになっていることは、私たち自身のハートにも大きな影響を与えています。人類全体が未だにバランスを崩しています。現代の宗教が全知全能の男性神だけを支持し、彼の残りの半分を認めないという社会であるうちは、自分の中の男性性と女性性のバランスを取ることは難しいかもしれませんが、それでもまずは自分のハートの中にある両極のバランスを見つけていくことが大切です。

対極は、対立とは違います。両極は調和して存在することもできます。理想的には、お互いが補い合うことで完全性を創り出す、という状態になることです。これこそが、ハイ・ハートの状態へと進化していくプロセスなのです。自らのハートの中で男性性と女性性の対極にバランスをもたらすと、父系と母系との極を行き来していた振り子が真の均衡を見つけ、心からのバランスと平和を体験することができます。

ハイ・ハートの活性化――男性性と女性性の両極をバランスさせる

70年代にクリスタルヒーリングの実験をし始めたとき、私はすでにヨガを数年間行っていたため、インドの7つのチャクラのシステムについてはよく理解していました。しかし、クリスタルを使うにつれて、太陽神経叢に石を置くことの大切さに気づきました。この、8つのチャクラというシステムは既存のものとは違うため、最初はとても変な感じがしました。しかし、未解決の感情のエネルギーがたまっている太陽神経叢を含めないわけにはいきませんでした。太陽神経叢こそが、ハートへの入り口なのです。

そのため、クリスタルヒーリングの実践においては、太陽神経叢がもう一つのエネルギーセンターになりました。太陽神経叢には感情体が存在し、ハートで抑圧されたり、対応されなかったりした感情が太陽神経叢に蓄積することが分かったのです。抑圧した感情をこの場所から解放しないかぎりは、ハートチャクラの自然なエネルギーの流れがブロックされてしまいます。

この発見から長い間がたちますが、ハイ・ボディーの情報を勉強し、それについて瞑想したり実践したりした結果、私は更に多くのことを学びました。新しい理解は以下の通りです。ハートチャクラには四つの部屋があり、それらは太陽神経叢、実際のハートチャクラ、ハイ・ハート、そして愛の源である「宇宙のハート」です。

太陽神経叢まで深く呼吸することで、感情を感じている瞬間に完全にそれを体験できると、感情のエネルギーはやがて中和され、ハートが元々持っている能力である「愛を感じる」方向に自然に上昇することができるのです。抑圧された感情のエネルギーから自分を自由にすることで、自分が本当は何を感じているかを認識することができます。それができたら、今度は意図的にもっとエネルギーを高め、ハイ・ハートへと入っていくことも可能になります。つまり、自分の内側の男性性と女性性を受け止めるのです。それができたら自分の内側の両極に均衡がもたらされ、結果的に外側の世界にバランスをもたらすことが助けられるのです。

胸腺

ハイ・ハートを活性化するためには、胸腺の中心で内なる男性性と女性性を統合することが大切です。胸腺はスピリチュアルな内分泌腺であり、肉体的にはハートチャクラの約5センチ上に存在しています。ここがハイ・ハート・ポイントの位置です。生まれたばかりで、スピリットの世界とのつながりが強い頃、胸腺は豊富にホルモンを分泌し、2歳ごろまでは活発に働いています。しかし、肉体が成長し、外側の世界に照らし合わせて自分を見るようになるにつれて、ハートへの開いた扉に影がさし始めます。これは、小学校に通って知能が発達し始める7歳ごろに起こります。子供たちが悩みを体験し始めるにつれて、胸腺の分泌は少なくなり、思春期を迎える14歳ごろには物理次元のみと自己同一化してしまい、胸腺は縮み、退化していきます。

思春期に性ホルモンの分泌が始まり、異性に惹かれ始めるにつれて、自分は男である、女であるという自己同一化が高まります。そして、友人との比較や競争や人間関係で楽しいことやつらいことを経験すればするほど、自分についての思い込みや信念体系、そして異性についての思い込みや信念体系が身に付いていきます。その頃には胸腺は閉じてしまい、ハイ・ハートを意識的に活性化するまでは眠っている状態が続くのです。

しかし、ハイ・ハートに位置するこの重要な内分泌腺を生き返らせることは充分可能です。内なる男性性／女性性との関係を修復し、宇宙のハートを受容できるオープンな状態にもどることができるのです。胸腺を再度活性化し、ハイ・ハートに光をともすためには、以下のような意識的な努力が大切になっていきます。

ハイ・ハートの呼吸法

ハイ・ハートの呼吸法を練習するために、まず自分のソウルが、銀河系の核にあるグレートセントラルサン（訳注・銀河系の中心に存在する太陽）とつながっているところをイメージします。これにより、自己《セルフ》の感覚が宇宙のハートに向かって拡大し、そこから無限の愛を取り入れることができます。宇宙のハートとのつながりを意識しながら、まずは下腹部へと深く息を吸い、肺の下の方を満たし、横隔膜が広がるのを感じます。

さらに息を吸い、徐々に肺の真ん中、更に肺の上の方が満たされるのを感じます。息を吐きながら、呼吸が宇宙のハートへと戻っていくことをイメージします。可能な場合は、この呼吸を11分間以上続けます。どんなときでも、思い出したらハイ・ハートの呼吸を意識的に行ってみましょう。家にいるときも、仕事場でも、遊びに行ったときでも。短い時間でもでもかまいません。

ハイ・ハートの色の周波数

私がハイ・ハートについて最初に情報を受け取ったのは１９９４年でした。ちょうどそのころ、拡大の惑星である木星に、ＳＬ９という彗星が衝突したことが話題になりました。世界中の人が空を見上げ、太陽系で最も大きく、ガスに満ちた惑星が、彗星という氷の結晶の固まりを孕《はら》んだ状態になるのを目撃しました。個人的にはそのころ、新しい情報の集中攻撃を受けているような感覚でした。それから数年間、私は自分がその時に受け取った情報について混乱していました。

全てのハイ・ボディーは色の組み合わせとして表現されています。例えば、ハイ・マインドのマゼンタという色は赤と紫の組み合わせです。ハイ・ハートを反映している色は穏やかなセレスチャルブルーと鮮やかなファイアーオレンジです。しかし、この二色を混ぜると泥のように濁った色になり、私にはどうしてもそれがハイ・ハートの色とは思えませんでした。長い間理解できず、それについて自問自答し続けました。

後に私は気づきました。これらの二色は混ぜて一色に統合するのではなく、二色のままなのかもしれない。それでも、なぜ混ぜ合わせないのかについてはしばらく理解できませんでしたが、少しずつ真実が明らかになりました。ハイ・ハートの位置でファイアーオレンジとセレスチャルブルーの色は歩み寄るけれど、混ざり合うことはしない。それぞれが独自の周波数とアイデンティティーを保ったままで一緒になることにより、ハイ・ハートの中で男性性と女性性のタントリックな関係性が作られるのです。

男性性をあらわしているのがファイアーオレンジです。主張する側面、霊的な戦士、太陽のエネルギー、陽、そして行動を起こすためのエッセンスを象徴します。そして、セレスチャルブルーが女性的な陰の側面であり、和らげ、沈静化し、平和で内的な部分、月のエネルギー、そして育むという特性をあらわします。それぞれの側面は自立しており、相手と統合するために本質を失うことはありません。内なる男性性と女性性を、バランスのとれた状態でハイ・ハートに存在させるためには、それぞれが元々持っている完全さを保つ必要があるのです。

私たちの中には、必ず男性性と女性性が両方存在しています。通常は、自分が肉体的にどちらの性であるかによって、男性と女性のいずれかに自己同一化しています。しかし、女性の中にも男性性は存在し、男性の中にも女性性は存在しているのです。私は女性ですので、女性性の側面を表現することが多いのですが、ハイ・ハートが活性化されればされるほど自分の内なる男性性を意識できるようになってきました。その結果、霊的な戦士としての力を呼び覚ましたり、どんなときでも行動を忘れず強さを保つ能力を高めたり、これまでよりも体力と活力が増したり、自分自身を守る能力が身に付いたりするのを感じられるようになったのです。

金星は女神の惑星であり、女性性の象徴です。金星の光はブルーと白い光のコンビネーションであるセレスチャルブルーです。このエネルギーは和らげ、育み、炎を沈静化し、心地よさをもたらし、嵐を静めます。男性性を象徴しているのは火星で、鮮やかなオレンジ色はモチベーションを与え、活性化し、主張し、達成します。私たちが生きていく中では、内なる男女性が同時に協力して機能することが必要不可欠なのです。

この状態になるためには、いくつかのことが大切になってきます。まず、ハイ・ハートの二つの側面を認識し、自分と異なる性の部分にも同調する必要があります。あなたが女性であれば、自分のハートに存在する、男性に関する全ての未解決の感情を受け入れる必要がありますし、男性であれば、繊細で感受性豊かな内なる女性性を認識し、自分の一部として受け入れることが大事です。つまり、一人一人が自分自身の男性性／女性性を癒し、バランスさせることが大切なのです。そうすれば、ハイ・ハートの理想的な状態として、穏やかなセレスチャルブルーと鮮やかなファイアーオレンジがお互いをサポートし合いながら一緒に歩むことができるようになります。

ハイ・ハートが活性化した状態とは、内側から自信と愛が溢れ、安全に感じられる状態です。その時、私たちは最も高い愛――宇宙のハートとつながり、より深い理解、思いやりがある愛――と意識的につながっています。ハイ・ハートは全体であり、バランスがとれ、感情的に自らを満たすことができ、愛の源である宇宙のハートから豊かな恵みを受け取っています。ハイ・ハートの状態で生き、内なる男女性のバランスを維持することを学ぶにつれて、新しい感性が進化し、両極を包括し、その統合した状態から、優しさと思いやりと理解が自然にわきあがるようになります。

ハイ・ハートの石

ハイ・ハートの色の周波数は二つあります。女性性の色はブルーと白が混ざり合って光り輝いているセレスチャルブルー、そして男性性の色は赤とオレンジが混ざることによってできたファイアーオレンジです。オレンジはもともと赤と黄色のコンビネーションなので、ファイアーオレンジには二重に赤色が存在していることになります。このパワフルでクリエイティブな生命力は意識して使っていくことが大切です。

体の左側は女性性を、右側は男性性を象徴しています。例えば、落ち込んだり悲しかったり一人ぼっちに感じたりするとき、男性性の色の石であるバナデナイトを胸の左側に置き、深く呼吸をすることでハイ・ハートの男性性を活性化します。そうすると、内なる男性性が女性性へと歩み寄り、活力と動きをもたらすことによって彼女がスランプから脱することを助けるのです。逆に、イライラしたり落ち着かなかったり怒りを感じたりするときは優しいセレスチャルブルーの石を胸の右側に置いてみましょう。女性性が男性性を助け、落ち着いてリラックスすることを助けます。

以下がファイアーオレンジの男性性の石とセレスチャルブルーの女性性の石のリストです。同じ石でも、多少色が違う場合があります。ハイ・ハートを最大限に活性化するためには、鮮やかな赤に近いオレンジとパステル調の白みがかった青を探してみましょう。ハイ・ハートに働きかけるときは、なによりも色が重要となります。二つの色の代表的な石はバナデナイトとセレスタイトです。もちろん、どの石を使う場合でも、それぞれの種類が持つ効果や特徴も考慮に入れる必要があります。ファイアーオレンジとセレスチャルブルーの両方が含まれている石の存在しますが、きわめて珍しいです。

ハイ・ハートの男性性の石（ファイアーオレンジ色）のまとめ

宝石質のロードクロサイト　Gem Rhodochrosite
ハイ・ハートの男性性の怒りやネガティブな感情をハートからの共感に変容させることを助ける。

赤色／オレンジ色のジンカイト　Red/Orange Zincite
古い肉体的、感情的パターンを解放することを助ける。

サンストーン　Sunstone
ハイ・ハートの男性的側面をスピリチュアルなインスピレーションで力づけることによって明るさ

と軽やかさをもたらす。

バナデナイト　Vanadinite
最適なハイ・ハートの男性性の石の一つ。天然の六角形の結晶を持ち、男性性と女性性のバランスを促す。

宝石質のスファレライト　Gem Sphalerite
男性性がハイ・マインドに頂く宝冠のような珍しく貴重な石。男性性が女性性に対して寛大で愛溢れる状態でいることをサポートする。

オパール化したアンモナイト　Opalized Ammonite
大昔に絶滅した海洋生物の硬い殻によって形成され、自然ならせんの形をしている。アンモナイトが特定の条件下で水に触れるとオパール化し、深いファイアーオレンジ色になる。古く、もはや役に立たない感情的なプログラミングから抜け出し、新しく創造した選択の感性へと進化していくことに効果的。

ファイアーオレンジ色のカルサイト　Red-Orange Calcite

創造性のエネルギーを活性化することで、ハイ・ハートの男性性を日常生活に統合するための前向きな変化を促し、あたらしい生き方を具現化する。

ガーネット　Garnet

ファイアーオレンジ色のものはスペサータイン（満ばんざくろ石）とアルマンディン（鉄ばんざくろ石）に見られる。ハイ・ハートの男性性の側面に勇気とスタミナを与えることで困難な状況にも対応できるようにサポートし、ただ反応するだけの望ましくない行動を意識的な行動へと変化させることを促す。

ハイ・ハートの女性性の石（セレスチャルブルー色）のまとめ

セレスタイト　Celestite

ハイ・ハートの女性性のために最適な石の一つ。セレスチャルな世界（天上界）のエッセンスをもたらすことで、女性的な部分が現代社会に生きながらも内なる平和を保つことを促す。

ブルーレースアゲート　Blue Lace Agate

クォーツファミリー（訳注・二酸化珪素を主成分とする石のグループ）の一員であり、他人とコミュニケーションするとき、内なる女性性がクリアーで直接的かつ軽やかに自分自身を表現することを助ける。

エンジェライト　Angelite

薄い水色のアンハイドライトとも呼ばれる。緊迫感のある状況に平和のエネルギーをもたらす。落ち着かせ、なだめ、育み、炎症を起こしてしまったような感情を沈静化させるのに役立つ。

レインボー・ムーンストーン　Rainbow Moonstone

美しい反射が作る青色の虹が内なる女性性を刺激する石。人間が元々持っている様々な感情を裁く《ジャッジ》ことなしに受け入れることを助ける。私たちがどんな感情を感じているときでも、自分自身を愛し、他人を愛することを促す。

薄いブルーのカルサイト　Light Blue Calcite

満たされない感情や状況を超えて、ハイ・ハートの女性性にクリアーな声と新しい方向性を与えるために必要な変化を起こすことを助ける。

カヤナイト　Kyanite

内なる女性性が自分への愛と尊重に基づいた新しい自己イメージを作り出すことを助ける。女性的な表現に関わる新しいアイディアや感覚を作りたいときにハイ・ハート・ポイントに置くと良い。

ブルー・スミソナイト　Blue Smithsonite

優しい存在感でなだめ、安心感を与えることで、穏やかな強さと繊細な行動を促す。毎日のストレスを軽減する。厳しい現実に直面しているとき、ブルー・スミソナイトはリラックスし、軽やかになることを助ける。

ブルー・カルセドニー　Blue Chalcedony

クォーツの一種で、女性的な表現が不足していることによる落ち込みを癒す。ハイ・ハートを内側から育み、繊細な女性性の側面を表現するための強さを身に付けることをサポートする。

ハイ・ハートの瞑想

以下に書かれた15分間のハイ・ハートの瞑想を行うと、内なる男性性と女性性の側面とつながり、バランスを取ることが助けられます。左手にセレスチャルブルーの石を、右手にファイアーオレンジの石を持って行いましょう。紙とペンを用意しておき、瞑想中に受け取った微細な感覚を後で書き留められるようにしてください。

心地よい姿勢で座り、背筋はまっすぐにします。目を閉じて、深く呼吸をしてください。最初はファイアーオレンジの石を持っている右手を左胸の上に置き、5分間深い呼吸を続けます。その間に、内なる男性性が女性性に歩み寄っていくところを想像します。女性性が言うことに耳を傾け、理解しようとし、受け入れてあげてください。判断することなしに、彼女のことをもっと深く知るために時間をかけてあげます。

例えば、「今どんな気分？　何が必要ですか？　どうしたらあなたをサポートできる？　何をしたらあなたの役に立てる？」と問いかけ、女性性の答えがどんなものであっても抵抗したり批判したりせずに耳を傾けます。5分ほどたったら、右手を下ろして楽な姿勢に戻って、ハイ・ハート・ポイントの胸腺でセンタリングします。

次に、セレスチャルブルーの石を持っている左手を右胸の上に置き、5分間過ごします。その時、あなたの女性性が男性性に歩み寄って話を聞き、受け止めてあげます。「どんな気分？　何が必要なの？　どうしたらあなたをサポートし、育むことができますか？」。内なる男性性から自然に湧いてくる答えに注意深く耳を傾け、受け入れてあげましょう。

また5分ほどたったら、左手を右胸の上に置いたまま、ファイアーオレンジの石を持っている右手を再び左胸の上に置きます。ちょうどハートの真ん中で手首が交差する状態です。ここは中立の場所であり、それぞれの側面がバランスを取り、お互いを尊重し合いながら共に存在することができます。深い呼吸をしながらこの姿勢を5分間保ち、ハイ・ハートの中で男性性と女性性が均衡のとれた状態を模索するのを感じてみましょう。最後に両手を下ろして石を放し、内なる体験や会話を書き留めたら石をクリアリングしましょう。毎日実践すると、あなたの陰と陽の内なるバランスがもたらされます。

この瞑想を行うと、あなたが異性と関わるときに現れる人間関係のパターンに気づくこともあります。また、二つの側面がどのようにアンバランスになっているか、ということが明らかになる場合もあります。時には内なる男性性が攻撃的すぎて女性性が充分に表現できていないこともあり、反対に女性性が男性性を支配しているため受動的になりすぎて、毎朝起き上がるエネルギーさえ不足していることもあるかもしれません。

この瞑想を通じて、男性／女性、父親／母親、仕事／休暇、与える／受け取るなど、さまざまなことに関する個人的なパターンが瞑想を通じて表面化したら、ハイ・ハートが活性化した状態へと成長するためにバランスを取っていくことが目標となります。そのためには、瞑想中に男性性が女性性に要求したことやその逆のことを、メンテナンスプランとして日常生活に何らかの形で取り入れ、実践することが大切です。例えば、男性性が「疲れているので休息が必要です」と言ったら、実際に休むことが大事ですし、女性性が「もっと優しく育んでください」と言ったら、彼女が優しくされていると感じられることをしてあげる必要があります。それが、ハイ・ハートを活性化するためのあなた自身の責任なのです。内なる男性性／女性性により気づきを持つようになると、それぞれの側面のために適切な行動をする機会が生まれます。実際に行動をすると、自分自身との関係性がよりバランスの取れたものになると同時に、それは周りの全ての人との関係性にも反映し、究極的には生きるというプロセスそのものにバランスがもたらされるのです。

2つの六角形からなるハイ・ハートのグリッド

内なる男性性と女性性が調和とバランスを保った状態をサポートするために、このグリッド(訳注・石を使って描いたマンダラ)を作ることができます。グリッドの形は2つの六角形が合わさったものです。

六角形とは自然の中に多く存在する形であり、6つの辺が全て同じ長さです。クォーツなど、多くのクリスタルは六角形として形成されます。この幾何学模様は多次元を象徴し、陰と陽の両方を含んでいます。2つの正三角形を組み合わせると、六角形ができあがります。この形は「天にあるごとく地にもある」ということを現し、2つの極がお互いを補い合い、絶えず交流している状態の象徴です。

このグリッドは祭壇の上につくることも、クリスタルヒーリングのレイアウトとして実際に体（ハイ・ハート・ポイント）の上に置くこともできます。必要なのはサンストーンのタンブルが6つとレインボー・ムーンストーンのタンブルが6つです。それ以外に、自分が使用したいと思うハイ・ハート色の石を1つ用意してください。まず、サンストーンで六角形を作ります。最初に、3つの石で上向きの正三角形を作ってください。これは男性性の象徴です。次に、残りの3つで下向きの正三角形を作ります。こちらが女性性の象徴です。その2つの三角形を組み合わせて作ると、六角形ができあがります。次に、ムーンストーンで一回り小さな六角形を作ります。サンストーン同士の間、少し内側にムーンストーンを1つずつ並べていくと、小さめの六角形が出来上がります。これで、12個の石が全て並びました。女性性のムーンストーンを男性性のサンストーンがとりまく形ですが、それぞれの六角形の中でも男女性の均衡がとれています。もし、もっとたくさん石があれば、さらに大きく無限に六角形を作っていくこともできます。

そして、2つの六角形の中心に、自分が働きかけたいハイ・ハートの石を置きます。例えば、ハイ・

ハートの男性性を活性化したかったらバナデナイトを使うことができます。行動力を身に付けたいとき、自己主張が必要なとき、創造力を働かせたいときなどに使うといいでしょう。逆に、中心にセレスタイトのような女性性の石を置くこともできます。落ち着きたいとき、瞑想したいとき、ストレスを軽減したりリラックスしたりしたいときに最適です。このグリッドを祭壇に作ったら、必要に応じて中心の石を時々取り替えることもできます。

2つの六角形からなるハイ・ハートのグリッド

目的：

ハイ・ハートの陰と陽、女性性と男性性の調和的なバランスを創り出す。このグリッドは祭壇や、バランスを必要としている場所に作ることも、クリスタルヒーリングのレイアウトとして使うこともできる。

必要なもの：

サンストーンのタンブル6個（ハイ・ハートの男性性用）、レインボー・ムーンストーンのタンブル 6 個（ハイ・ハートの女性性用）、使いたいハイ・ハート色の石1個。。

やり方：

- サンストーン3つで天の方向に向く上向きの正三角形を作る（男性性の象徴）。
- 残りの 3 つのサンストーンで大地の方向に向く下向きの正三角形を作る（女性性の象徴）。この三角形を最初の三角形と組み合わせることで六角形が作られる。
- 6 つのムーンストーンをサンストーン同士の間、六角形の少し内側に置く。これで内側にも六角形ができあがる。男性性のサンストーンが女性性のムーンストーンを取り巻きながらも、それぞれのグリッドの中でも男女性の均衡がとれている。
- グリッドを完成させるために、自分が選んだハイ・ハートの石を 2 つの六角形のグリッドの中心に置く。

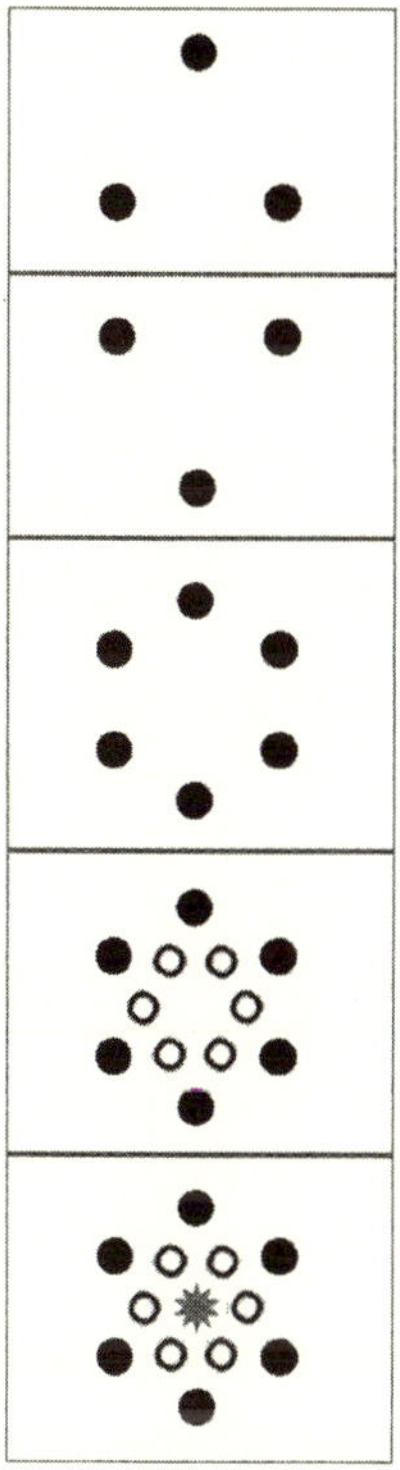

ハイ・ハートのジェムエッセンス

２００２年、私はイタリアでクリスタルヒーリングの上級コースを教えていました。その時、この本に書かれている情報について話していたのですが、その生徒の一人が、見たことのないほど見事なオブシディアンをプレゼントしてくれました。北アフリカのサハラ砂漠で20年以上活躍した宣教師の個人的なコレクションだったそうです。その後、長い間忘れられていたということでした。

このオブシディアンは一部がブルーで一部がオレンジという、まさにハイ・ハートの色を両方持っていました。その時のコースでは、この石を祭壇におき、重要な役割を果たしてくれました。５日間を通じて、全ての参加者がこの素晴らしい石に直接触れることができたのです。

そして、コース終了前日に、ある生徒がこう言いました。「今夜、このブルーオレンジのオブシディアンを家に持って帰って、ジェムエッセンスを作ってもいいですか？」。それは素晴らしいアイディアだとみんなが思ったので、彼女は石を一晩持ち帰りました。そして次の日、ガラスの容器２本分のハイ・ハートエッセンスを作ってきてくれたのです。そこにいた全員が少しずつエッセンスを持ち帰ることができました。

彼女が返してくれたオブシディアンを再び祭壇にのせるとき、ブルーの部分が以前より透明感を増していることに気づきました。そして、私が口を開く前に、別の生徒が同じことを言ったのです。前よりクリアーで明るく見える、と。再び一人一人に手に持ってみてもらうと、みんなが同じ感想でした。ハイ・ハートのジェムエッセンスを作ることにオブシディアンが喜びを感じ、輝きとクリアーさを増し、まるで宝石質のようになったのです。

私はそのオブシディアンとエッセンスを家に持ち帰り、自分でもレメディを作ってみました。それ以降のコースでは、進んで実験台になってくれる生徒たちがたくさんいたので、それを6週間摂取してもらい、体験を報告してもらいました。その時の感想のいくつかです。

☺「夜、心地よく眠りにつくことができました」

☺「ハイ・ハートへ続くチャネルを開く感じがし、喉のチャクラの状態に変化が起こりました」

☺「私が持っている古い信念に気づかせてくれました。『自分の一部が欠けていて、外側から満たしてもらわなければならない』という信念です。ハイ・ハートを活性化するためには、自分の中に男性女性両方があり、自分はこのままで完全だということを受け入れる必要があることを理解しました」

☺「このレメディを飲むことによって、自分の内なる平和の場所に戻る必要があることを感じ、ハイ・ハートがいつも自分を守ってくれていることを感じました。ハイ・ハートが活性化した状態を保つことこそ、私たちが完全性、平和、理解、信頼に向かって歩み続けるために必要なことだと思いました」

☺「このレメディは微細でかつ深い影響を与えてくれました。高いレベルで私の感情を浄化し、癒してくれたようです」

☺「内なる男性性と女性性がお互いに会話したがっていたんだな、と知りました」

☺「このレメディを飲み始めると、ハートが開くのを感じると同時に、自分が向き合わなければならない恐れが表面化してきました。そして、その恐れを超えて適切な行動をとれる自分がいました」

☺「深い内なる平和と、他人への深い理解を感じました。無条件の愛と他人に対する受容をハートの中に導入することを助けてくれました」

☺「肋骨と胸の真ん中や上の方がが軽くなり、拡大するのを感じました。呼吸がずいぶん楽になりました。ハートに記憶している感情の重さを感じるために、道を空けてくれた気がします。自分を守るためにとどめていた、未解決の感情を深く見る必要があったのです。このレメディは『自分を映す鏡』として働いてくれました」

☺「自分に思いやりをもち、厳しくしすぎず、他人や出来事をそのまま受け入れることを助けてくれました。全ては偶然でなく、人生というタペストリーの一部であり、完璧な順番とタイミングで起こっている、ということに気づかせてくれました」

☺「このレメディは忙しすぎる思考から注意を離し、ハートへともたらしてくれます。そこに入ると私は穏やかでオープンになり、呼吸が深くなります。リラックスして、そんなに自分の心を守らなくてもいい、という気持ちになります。内側で優しく、しっかりと守ってくれているので、私自身は自然に生き、以前だったら気になったようなことにもあまり影響を受けなくなりました」

それ以来、私はこの貴重な石を家にある個人的な祭壇に置き、いつも近くで見てきました。その後もどんどんクリアーになっていき、特にブルーの部分は宝石質の石のような透明感があります。この特別な石の変化は、ハイ・ハートへの進化がいままさに起こっているということを表しているように思えます。ブルーの部分に透明感が増したということは、ハイ・ハートの女性性の側面がその進化のプロセスを受け入れ始めている、ということなのかもしれません。

ファイアーオレンジとセレスチャルブルーの石を使って、ハイ・ハートの瞑想やグリッド作り、そして後に紹介するハイ・ハートのレイアウトを実際に行ってみてください。自分の内なる男性性／女性性の特徴と親しんでみましょう。そして、それらのバランスを取るようにしてみてください。両方に表現の機会を与え、お互いに協力するためにはどうしたらいいかを学んでみましょう。これらの実践法を行いながら、二つの側面の仲介役になり、偏見やえこひいきなしに両方の面倒を見て、両方の気持ちになってみることが大切です。内なる陰と陽の間に存在する分離感を癒そうとすることで、あなた自身のハイ・ハートへの道を走り始めることができるのです。

ハイ・ハート・レイアウト

このレイアウトのためには、ファイアーオレンジ色の石を6つとセレスチャルブルー色の石を6つ用意してください。6つの石は同じ種類である必要があります。また、ローズクォーツを12個と、使ってみたいハイ・ハートの色の石が1つ必要です(訳注・この1つは先の6つと同じでなくてもよい)。

まずローズクォーツをクラウンチャクラ、サードアイ、喉のチャクラ、太陽神経叢、お臍、クリエイティブチャクラ、ベースチャクラにおきます。さらに、両手と両足、足下15センチのアーススターにもローズクォーツを置き、深い呼吸を始めます。次に、ハイ・ハートのグリッドを胸の上に作ります。このとき、グリッドの中心がハイ・ハート・ポイントのところにくるように作ってください。最後に自分が選んだ石をグリッドの真ん中に置きます。

深い呼吸を11分から22分ほど続けながら、手を動かさずにハイ・ハートの瞑想を行います。女性性が男性性に歩み寄り、話を聞くように導いてください。そして、男性性が女性性に耳を傾け、彼女が必要としていることに気づくようにしましょう。終わりに、男性性と女性性がハイ・ハート・ポイントで並び、両方のエネルギーのバランスが取れていくところを思い描きます。

このレイアウトを行うことで自分の男性性／女性性と会話するたびに、自分自身の完全性を感じることができるようになり、センタリングした状態で外側ともバランスを取っていくことが可能になり始めます。

このレイアウトはモニターと共に行う。モニターは石を置き、スペースを保ち、時間を計り、受け手が常に深い呼吸をしていることを確かめる。

目的：

ハイ・ハートで男性性と女性性の両極のバランスを取る。

必要なもの：

ハイ・ハートの男性性の石、同種類のものを6つ。ハイ・ハートの女性性の石、同種類のものを 6 つ。使いたいハイ・ハートの石を1つ。ローズクォーツのタンブルを 12 個。

やり方：

- ローズクォーツをクラウンチャクラ、サードアイ、喉、太陽神経叢、臍、クリエイティブチャクラ、ベースチャクラ、両手、両足、アーススターに置く。
- 男性性と女性性の石で胸の上に 2 つの六角形のハイ・ハート・グリッドを作る。このとき、中心がハイ・ハート・ポイントにくるようにする。自分が選んだハイ・ハートの石をグリッドの真ん中に置く。
- ハイ・マインドを使って集中しながら深い意識的な呼吸を 11 分～22 分続ける。そのとき、自分の女性性の側面が男性性の側面を尊重するように、次に男性性が女性性を尊重するように導く。
- グリッドの石を、その後ローズクォーツを取り除き、石を浄化する。

ハイ・ハート レイアウト

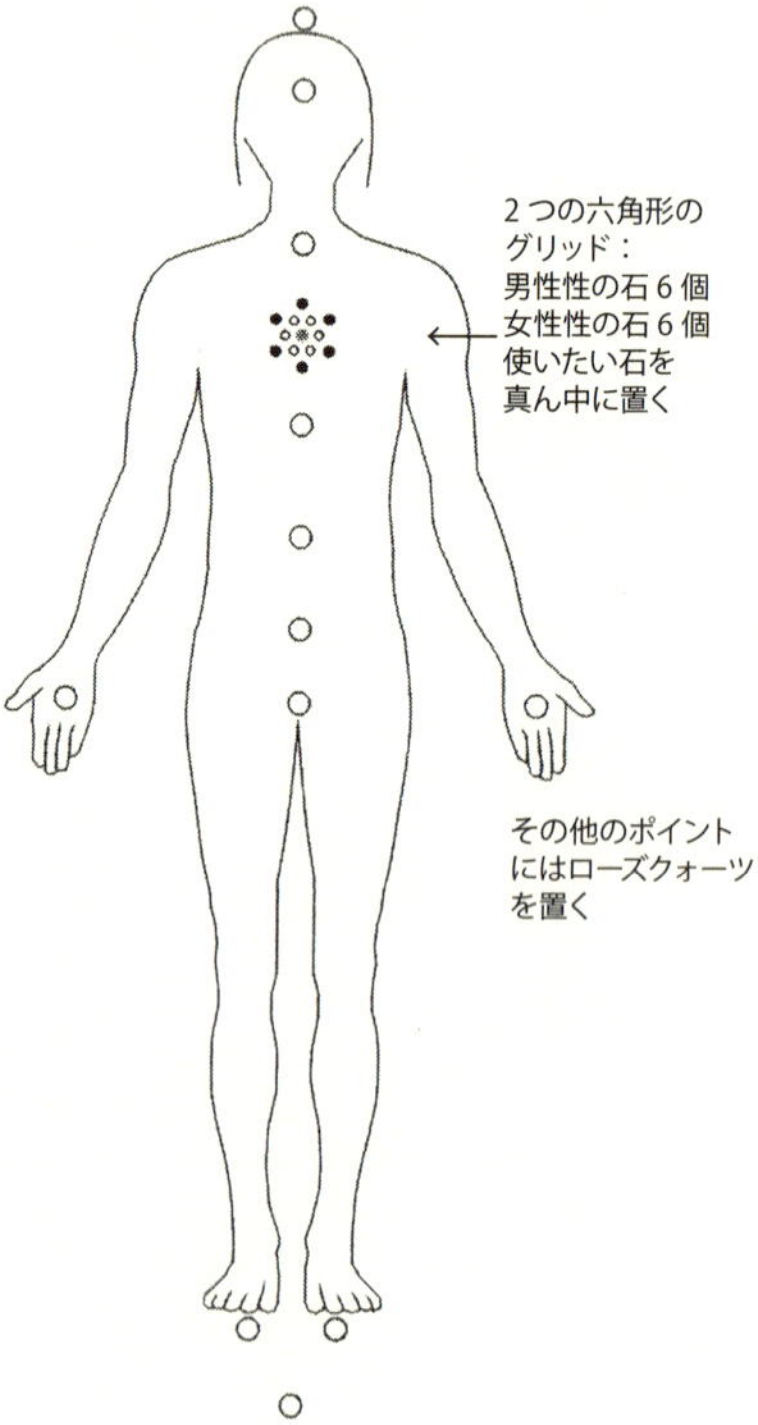

ハートの戦士

ハイ・ハートの男性性はファイアーオレンジの中に含まれている二重の赤のパワーを効果的に使う責任があります。赤は命の色であり、火、生命力、パワー、セクシュアリティー、そしてクリエイティブなエネルギーの色です。間違った意図で使うと、赤のエネルギーは対立や戦いを作り出すこともあります。これらの色の周波数を使ってハイ・ボディーを活性化するとき、赤のエネルギーをポジティブな目的のために活用することがとても大切です。この赤のエネルギーを自分勝手な力の乱用によって濁らせてしまうと、ポジティブではない結果につながってしまうかもしれません。ハイ・ハートの男性性に働きかけるファイアーオレンジの色を意識的に使用するとき、それを女性性とバランスよく使ってから行動を起こす必要があります。使い方を間違えると、怒りや憎しみなどを増幅し、それに応じたカルマの作用は避けられないでしょう。

男性性が持つ真の戦士の特徴は勇気、持久力、熱心な取り組み、前向きな自己主張、勇敢さ、恐れない心、強さ、正直さ、高潔さ、不屈の精神などです。この新しいミレニアムにおいて、しっかりと行動を起こしていくために、私たちがスピリチュアルな道を進む際に必要となる特徴です。ハートの戦士は自分と異なる人たちを攻撃したりはしません。ハートに火をともすことによって、今日の社会が直面している問題の解決策を作り出すためのポジティブな行動を起こす人のことをハートの戦士と呼びます。深いところに行けば行くほど、高いところに到達できます。つまり、ハートの戦士は行動を起こす前に自分の内側を見て、自分の意図と目的を常に確認するのです。また、スピリチュアルな実践法を日課とし、自分のニーズを自らが満たす方法を知っています。自分の生命エネルギーのメンテナンスを大切にし、「ノー」と言って引き下がったほうがいいときにはそうします。このような行動を通じて、ハートの戦士たちはスピリットとのつながりを常に強く保つことができるのです。

真の戦士はハイ・ハートのバランスが取れており、男性性と女性性が共に働くことで人生のさまざまなチャレンジに新しい解決法や結果を作り出すことができます。また、究極的には自分自身との関係性を大切にする必要性があることを理解し、スピリチュアルなエネルギーの資源を自分の内側に育てます。世界の暗闇から一歩踏み出し、人類の役に立つためにはどうしたらいいのかを学んでいきます。そして、昼が夜に変わるように、それぞれの極は対極へと簡単に形を変えることを知っています。陰と陽は交換可能なのです。

ハートの戦士

ハートの戦士たちよ
今、立ち上がろう
どんな危険にも立ち向かう意志と
自ら歩む勇気を持って

謙虚さを友とし
深い慈悲と決して別れず
内なるハートの聖なる神殿で
共にこうべをたれよう

生きとし生けるものを尊重する、という
行動指針を身に付け
愛のみがもたらす力で
真実の剣をかかげよう

私たちは一人で、そしてみんなで立っている
この大地にしっかりと根ざして
今まさに生まれようとしているものを
もたらし、生み出す人となるために

内なる力とクリアーさに守られ
癒しのエネルギーを手に
真の戦士にふさわしい
スピリチュアリティをたずさえて

天使たちに導かれ
全てはつながっていることを知り
始まりの今
行動を起こしていこう

母なる大地を愛し
自分の立場を明確にし
ハートの戦士たちよ
今、歩み始めよう

第4章

ハイ・フィジカル・ボディー

フィジカル・ボディー（肉体）は魂が住むための見事な乗り物です。この物理的な次元において、この地球上で時間と空間の中を動けるというのは、なんと素晴らしいことでしょうか。私たちは、五つの物理的な感覚——聴覚、視覚、触覚、嗅覚、味覚——を通じて自分のまわりの世界を体験することができます。五感があることによって夕陽の美しさを見たり、稲妻の轟音を聞いたり、生まれたばかりの赤ちゃんの柔らかさに触れたり、焼きたてのクッキーの香りをかいだあとに、それを味わうことができるのです。

私たちは肉体を使ってある場所から別の場所に移動します。その間にもマインドは思考に関わり、ハートは感情に関わっています。そして、思考と感情は言葉や行動によって表すことができます。しかし、思考と感情自体は物理次元には存在していません。もちろん、私たちが考えているときに脳は科学的な反応を起こしていますが、それはマインドの媒体にすぎないのです。そして、いくら感情を強烈に感じたとしても、感情自体は物理的なものではありません。肉体を使って思考や感情を行動にうつすことはできますが、思考と感情のエネルギーは自己のより微細《サトル》な側面なのです。

考えてみてください。肉体を少しも動かさずに思考や感情を体験することはできますよね。思考体《メンタル》と感情体はより微細であり、物理次元ではない領域に存在しています。しかし、思考も感情も人間というシステムの中に完全に統合されています。また、このシステムには、チャクラや光のスピリチュアルな器官も含まれますが、人によって活性化の度合いが違います。

人間の肉体は数え切れないほどの細胞が複雑に組み合わさって、血液や骨、脳や筋肉などを創り出すという目的と機能によって最大限に整えられています。神経系統、循環器系統、消化器系統、内分泌系統、呼吸器系統、骨、筋肉、感覚が調和をもって組み合わさることによって、魂がこの三次元の現実を体験するための乗り物が創り出されています。しかし、この乗り物は比較的短い間しか存在することができません。

三次元に存在している全てのものと同じように、肉体もまた一時的なものなのです。自らの意志を持ち、形あるものの避けられない運命である「死」を超えて生き延びたいと願っています。しかし、肉体がどんなに強くなろうとも、必ずもろさは存在しています。物理次元の現実は時とともに変化することが宿命です。自然の法則が支配しているこの世界では、肉体の誕生と死はきわめて自然なものです。それは、春が必ず訪れること、そして木々の葉が全て散ったあとには冬がやってくることと同じように確実なのです。

肉体とは乗り物であり、その中で私たちの魂は進化する、ということに気づくと、この地球で生きる目的についての観念や基本的な信念を変えることもできます。私たちの肉体は一時的なものであるけれど、魂の存在は永久的である、と生きているうちに知ることができたらどうなるでしょうか？　肉体の中で生きるということは、私たちという存在の本質が持っている、たくさんの表現方法の一つであると認識することができたら？　肉体に存在するとは、ただ考え、感じ、五感の世界の中だけで生きるだけではなく、それ以上のものであると理解し始めると、より高い状態へと進化する機会が生まれるのです。

私たちには第六感というものも存在しています。それは、自分で認めさえすれば、自分自身を守ることのできる内なる知覚です。テレパシー、透視力、ヴィジョン、直感、霊的知覚、そして全ての超感覚的知覚は第六感の一部です。全ての人はこれらの感覚を持っていますが、多くの人の中ではまだ眠っています。また、物理次元の法則では定義づけることができないため、しばしば誤解されています。しかし、これらは意識的に開発することもできます。自分自身の高次の感覚に対して心を開きましょう。ハイ・フィジカル・ボディーを活性化することにより、五感以上の部分で人生を体験する可能性が高まっていきます。

肉体にとって最も貴重で、命を与えてくれる力が呼吸です。生まれた瞬間に赤ちゃんは初めての呼吸をすることで、生命との根源的《プライマル》な関係性が始まります。それぞれの人の人生がどれだけの長さであろうと、生きているかぎりは呼吸が肉体の生命エネルギー維持してくれます。吸う息とともに、外側の宇宙から必要なものを受け取り、吐く息とともに、宇宙に必要なものを返しています。呼吸は常に繰り返されていますが、私たちはほとんどの場合無意識でこの行為を何百万回と行っています。

呼吸を通じて、私たちは気づきを増し、意識を高め、ハイ・ボディーを活性化することもできます。吸う息に意識を向けるたびに、私たちはいつもよりも深い完全な呼吸を吸うことができ、肉体の中の酸素と生命エネルギーを高めることができます。そして、吐くたびに解放したり、手放したり、返したりすることもできるのです。

また、呼吸の際に色をイメージし、ヒーリングを必要としている特定の場所に導くこともできます。例えば、頭痛がしているのであれば、緑色をイメージしながら、その色を痛い部分に吸い込むことを思い描きます。そして、吐くときにはその部分の痛みや疲れが出ていくことを意識します。このような呼吸を11分ほど繰り返すと、ポジティブな結果が期待できます。

ハイ・マインドを活性化するためには、マゼンタ色を呼吸することで古い思考パターンを変化させることができます。ハイ・ハートのためには、落ち着きたいときにはセレスチャルブルーを呼吸し、エネルギーを高めて行動したいときにはファイアーオレンジを呼吸するのが効果的です。この貴重な呼吸というものがなければ、数分間も生きることができません。呼吸のパワーを過小評価することはできないのです。呼吸は物理的な命を維持し、あらゆる部分の生命力を高めるために意識的に活用することもできます。また、特定の効果のために具体的に使うこともできるのです。

黄緑色《シャルトルーズ》

クリスタルヒーリングにおいては、太陽神経叢はチャクラの一つととらえられています。そのため、インドの伝統的な7つのチャクラシステムの代わりに、クリスタルヒーリングでは8つのエネルギーセンターに働きかけるということを行います。太陽神経叢は感情の住みかであり、胸骨、肋骨の下で消化管の上部のあたりに位置しています。未解決で抑圧された感情がここに溜まっています。感情をクリアーにし、癒すためには、この場所にマラカイトやグリーン・アベンチュリンなどの緑色の石を置くことができます。深い森のようなエメラルドから薄いライムグリーンのセレナイトまで、全ての緑色は生命エネルギーの波動を持ち、刺激すると同時に心地よさをもたらします。

その下のお臍のチャクラの色は黄色です。この場所を通して胎児が母の子宮とつながっているように、このチャクラは物理的な具現化が始まる場所です。黄色は純粋な創造性のパワーを表します。まるで太陽のように命を与え、生き生きとし、光り輝き、パワフルな色です。黄色は勇気の象徴でもあり、進んで行動を起こすことを表します。高い知能、そして計画を立てる能力や、新しい発明を生み出す思考とも関連しています。活発で、クリエイティブで、形を作り出す色なのです。

黄色は赤、青とともに三原色の一つです。緑は二次色であり、黄色と青から作られています。そして、ハイ・フィジカル・ボディーを活性化する色は黄緑色です。それは、黄色と緑が完全に混ざり合った色です。緑にはもともと黄色が含まれているため、黄緑には黄色が2に対して青が1含まれて入ます。この二重の黄色が、ハイ・フィジカル・ボディーを活性化させる重要な要素の一つなのです。

黄緑色《シャルトルーズ》は若い植物が育つときの新芽の色です。新しい芽が出るとき、そこには強くて生き生きとした根源的な生命があります。だからこそ、外に出て自然に触れると人間も生き生きと感じられるのです。酸素が豊富にある、ということ以外にも、緑の植物が心を軽やかにし、オーラが広がることを助けるため、より心地よい感覚が生まれるのです。自然が多い環境で体を動かすことで、肉体はより健康になっていくことができます。

黄緑色を活用することで、生命エネルギーのパワーそのものとつながり、自分自身の活力として表現することも可能になります。黄緑色はまるで純粋なエネルギーがらせん状に拡大し、物理的な世界まで広がっていくような状態を表します。ハイ・フィジカル・ボディーにおいて黄緑色を使うことで、自分自身の個人的な意志を活性化し、意識的なコントロールを高めることにつながるのです。

このような形で黄色と緑を組み合わせることによって、他のどの色よりも肉体が免疫力を高めることがサポートされます。また、感情的な免疫力を身に付けることにも役立ちます。別の言い方をすると、黄緑色の石を使用することで、以前太陽神経叢に存在していた古い感情的な反応のパターンに対する免疫をつけることができるようになるのです。

「ハイ・フィジカルの状態」であるためには、肉体をしっかりケアし、強化することで、ハイ・ボディがしっかりと肉体という乗り物に存在できる状態にすることがとても大切です。また、黄緑色を感情全体にいきわたらせることも、常にハイ・フィジカル・ボディーの状態でいるために必要なことです。この微細な黄緑色のスピリチュアルな回路が肉体、感情、オーラに作られることで、ハイ・フィジカル・ボディーが活性化されるのです。

ハイ・フィジカルの状態になると、物理的な次元の法則に縛られる必要性がなくなります。その代わりに、その物理的な次元の法則さえも支配している、より大きなスピリチュアルな法則に従うことを学ぶのです。スピリチュアルな世界では、通常の時間と空間の法則は適用されず、シンクロニシティが日常茶飯事になり、奇跡がより起こりやすくなります。ハイ・フィジカル・ボディーが活性化し、個人の意志が神聖な意志と合致したとき、このような至福が可能になるのです。

ハイ・フィジカルの状態になると、かつては乗り越えられない障害のように思えた出来事は、自分を刺激してくれるチャレンジのように感じられます。古い感情的な反応を意識的に変化させ、新しい対応をすることで、日常生活の中でより前向きな選択をすることができるようになります。呼吸のたびに黄緑色を感じるようにすると、どんな瞬間でも聖なるものとのつながりを安心して感じられるようになります。

黄緑色は生命エネルギーが形へと具現化するのを促します。ハイ・マインドやハイ・ハートとともに働くことで、ハイ・フィジカル・ボディーは肉体と感情レベルにおいてポジティブな生命エネルギーを創り出します。このエネルギーは古い感情パターンのネガティブなエネルギーに対して免疫力を持っているため、前向きな行動と心地よさを促進します。ハイ・フィジカル・ボディーが刺激されると、黄緑色はあなたのオーラのカリスマと磁力をまさしく増加するのです。

ハイ・フィジカル・ポイント

ハイ・フィジカル・ボディーを活性化するために石を置くポイントは太陽神経叢とお臍の中間地点、上部消化器官の中心です。この位置は安定化させるポイントであり、ここに働きかけることで「今ここ」に存在することが促進されます。また、この場所で内なる直感を感じたり、どんな状況でもベストを尽くすための力を見つけることができます。ハワイでは、この場所は「ナアウ・ポイント」と呼ばれています。古代のハワイ語では、「ナアウ」とは「小腸、愛情と人間的なパワーの場所、ハート、魂」を意味しています。この部分において、ハワイ人たちは自分自身の真実とつながることを学んだのです。それは、私たちにもできることです。

意図を明確にし、黄緑色の石を使って祭壇を作ってみましょう。植物を育てたり、できるだけ外に出て自然に触れたりしてみましょう。自分のためのポジティブな空間を創り、自分の周りに強いオーラのフィールドを作り、外側のネガティブさに対する免疫力を育てましょう。この色の石がなければ、黄緑色をイメージするだけでもかまいません。あなたの周りにこの色を見つけたら、それを認識し、呼吸することで、純粋な生命エネルギーにつながることができます。

黄緑色の助けを借りることで、私たちは地球上で力強いスピリチュアルな存在感を意図的に保つことができます。ハイ・フィジカルの部分が育っていくと、どんな瞬間でも、黄緑色の光の体がこの肉体の中で働いてくれることに気づき始めるかもしれません。なぜなら、人生というドラマを意識的な生命エネルギーが司り始めたら、物語はどんどん楽しくなっていくしかないのですから!

力強い意志

ハイ・フィジカル・ボディーが活性化すると、個人的な意志は聖なる意志と統合し、力強いものになっていきます。これは、自分自身の意志をマスターすることで起こる変化です。そのためには日常的にスピリチュアルな実践法を行うことが必要になります。この活性化のプロセスには、自分自身の生命エネルギーを強めるための継続力とエネルギーが必要不可欠なのです。意志を持つか、持たないか。それが問題です。意志を持てば、その意志が現実になります。あなたがその意志を行動に移しさえすれば。

古く干からびた川床に深く根をはっている感情や思考のパターンに自己同一化することをやめるたびに、私たちは力を得ることができます。しかし、瞬間瞬間に気づきがなければ、過去のプログラミングにたやすく入ってしまいます。古いパターンに引きずられていると、未来への希望がなくなるように感じるかもしれません。そんなとき、ハイ・フィジカル・ボディーに黄緑色の光をともすことができれば、過去のぬかるみから抜け出すために意志の強さを育てることが可能になります。ハイ・フィジカル・ボディーが活性化した状態では、つらい記憶や感情から自らを上昇させ、今この瞬間に自由を見つけるための意志の力が高まっています。

ハイ・マインドを使って、回り続ける不必要な思考パターンを手放しましょう。同時に、黄緑色の石の助けを借りて、ネガティブな思考と関連している感情から一歩離れる練習をしましょう。そして、自分が高まることを意図して、今この瞬間にハイ・マインドを活性化させ、新たに深い呼吸をしてみてください。自分の石で黄緑のエネルギーをナアウ・ポイントに吸い込み、そこを満たすことで、その瞬間を喜びとともに味わってみましょう。これこそがハイ・フィジカルな状態であり、瞬間的な生まれ変わりや癒しを促します。これを続けることで平和がもたらされ、生きることに対する勇気が高まっていきます。

私たちは未来に起こるかもしれないことや起こらないかもしれないことを心配し、感情的に不安定な状態で多くの時間を過ごしてしまいます。また、マインドや感情が常に過去にとらわれていることで、「今この瞬間」の完璧さに気づかず、見過ごしてしまうこともあります。しかし、どの瞬間にも、ただ意識的に存在するという機会が与えられています。「今この瞬間」という貴重な時間は、時の永久さの一部として存在する自由を私たちに与えます。それぞれの瞬間に乗ることで時を旅し、気づきが過去や未来の投影につながらずに、ただ存在する、という状態を味わってみてください。それこそが本当の自由なのです。

様々な思考パターンが人類の集合マインドを作っています。生まれたとき、私たちは自動的に両親や住んでいる環境、宗教、国籍、人種が持つ「現実」の観念を身に付けます。これらの集合的な思考形態は潜在意識に深く刻まれるため、そのプログラミングの外側に出てしまうと、「自分とは誰か」ということを認識するのが難しく感じられるかもしれません。しかし、自分の意志が「今この瞬間」と連携し始めると、私たちの真のアイデンティティーが浮かび上がることができます。それは、「これが私だ」と信じ込んでいた考え方を超えることができるのです。今という貴重な瞬間にこそ、私たちは自分の中にある生命の素晴らしさを感じ、全てのプログラミングから離れた状態で、大切な自分自身とただ一緒にいることが可能なのです。

ハイ・フィジカル・ボディーが活性化すると、全ての貴重な瞬間に個人的な平和を得ることができるようになります。「今」という永久の時の中で、私たちはこれまでとはまったく違う人生を体験することができます。過去の問題や今後の心配にもはや焦点を合わせることはなく、瞬間瞬間の完璧さの中に生きることを学べます。黄緑色の「今」という呼吸の中で、個人的な都合を手放して聖なる摂理に対して完全にオープンになると、これまで想像もしていなかった素晴らしい人生を具現化できる可能性が大幅に高まるのです！

より高い周波数の現実を統合するためには、個人的な意志をマスターすることが必要になります。思考、感情、肉体のエネルギーレベルを意識的に上昇させられるようになると、私たちは文字通り「ハイ・ボディーに住まう」ことができるようになります。宇宙は電磁エネルギーに満ちており、物理的な物質よりも早いスピードで振動しているエネルギーの場も存在しています。これらの電磁場を高次元と呼ぶこともできます。そしてそれは「今」という領域のみに存在しています。

人間がその高次元のリアリティを体験することも可能ですが、そのためには意志の力と意識的な行動、個人的な努力によって自分自身を向上させる必要があります。このプロセスが簡単なものだとは言いません。ものごとをマスターするためには努力が必要なのです。天国への螺旋階段は、自分で一歩一歩上るしかないのです。エレベーターは存在しないのですから。

ハイ・フィジカル・ボディーの黄緑色《シャルトルーズ》は、このプロセスにおいて私たちにやる気を与えてくれます。黄緑色の石を使い、呼吸し、あなたの意志のスピリチュアルな力によって、あなた自身をとりまく電磁場（オーラ）を活性化させましょう。それができるのは、あなただけです。黄緑の石でオーラを満たし、自分の振動数を上げ、「今この瞬間」に入ってその極上の時間を乗りこなしましょう。自分の力強い意志を使ってハイ・フィジカル・ボディーで生きていく、意識的な選択をするのです。

意識的な選択

「こうなる」という意志を持つと、その出来事は起こります。そのためには、何かを創造しようと決めたら、その選択に合った行動を起こす必要があります。例えば、「今を生きたい」と思うのであれば、それを練習する時間を作らなければなりません。また、古い思考や感情のパターンがあなたを「今」から連れ出すのに気づいたら、呼吸したり、黄緑色の石を活用したりして、自分をそのパターンから抜け出させる練習をする必要もあります。行動を起こし、今を生きるという自分の意志を強化できるのは自分しかいません。このプロセスを実際にやればやるほど、結果が早く出てきます。

また、新しい考えや感情や態度を具現化するということは、自分が作ったものに対する責任が伴います。あなたはどの方向性に行きたいのですか？　本当の意志はなんですか？　何を創造したいのですか？　あなたは何を意図しますか？　その意図は何の目的のためですか？　目的が達成されるとどうなるのですか？　それを実現するためにはどのような行動が必要ですか？　目標にたどり着くために必要な物理的な世界での一歩一歩はどのようなものですか？

このプロセスでは、個人的な意図を観察することがとても大事です。あなたがやりたいと思っていることは、なぜやりたいのですか？　自分の本当の目的を知るために、ぜひ自分自身にこれらの質問を投げかけて、自分自身をチェックしてみてください。なぜなら、時には潜在意識の課題が、あなたの動機を曇らせてしまっているかもしれないからです。まず自分自身を明確に理解しましょう。自分に目隠しをしていないか、自分の根本的な意図がポジティブなものであるか、確認することが大切なのです。

自分自身にこう問いかけてみてください。「目的が達成されたら、現実レベルでも、思考や感情においても、ポジティブなものが創造されるだろうか」。あなた自身の思考と感情の根本的な真実を知り、その自分を受け入れてください。そして、ハイ・マインドやハイ・ハートの観点から、自分の思考や感情のプログラミングを変えたいかどうかを判断しましょう。もしそうであれば、広い視野を保ちながら、感情の状態がより高いレベルになるように促すための行動を起こすことが大切です。

カルマの法則とはこのようなものです。「全ての作用には反作用が存在し、全ての原因は同等の結果を生み出す」。つまり私たちがどのように考え、感じ、意思を持ち、創造するかが自分の人生を形作り、さらにはこれから先の地球を形造るということです。私たち一人一人はそれぞれカルマを持っているると同時に、この新しいミレニアムに地球上に生きているみんなが集合的な運命を分かち合っています。自分の個人的な意志を行動に移すことで、まずは一人一人が自分自身を上昇させることができます。もちろん、戦いに満ちた歴史を作ってきた古い考え方の上に新しい道を築くことは簡単ではないかもしれません、それでも、ハイ・ボディーを活性化することで意図を明確にし、意志を強く持ち、意識的な選択や行動を取ることで現実を変えていく、というそれぞれの役割を果たすことから始めることはできます。

意図と目的が明確になったら、今度は具体的な計画を立てる必要があります。ハイ・マインドの能力を使って、何が必要で、どこでそれを得られるのか、というプロセスを具体化していきましょう。前に進み、学び続ける課程の中で、どのような一歩一歩を踏み出せばいいのかを明確にしましょう。そして実際に行動しましょう。ハイ・マインドで集中し、ハイ・ハートのバランスを取り、今という瞬間に存在し、自分がデザインしたものを意識的に作っていくことは可能です。

瞬間瞬間の神聖さの中で、新しいアイディアやインスピレーションが生まれます。マインドがクリアーで、オープンになっているときこそ、新しい発見や発明が浮かんでくるのです。ハイ・フィジカルが活性化して今ここに存在するとき、私たちは大いなる知らない世界に旅して、聖なる摂理の現れに対して受容的になることができます。それにつながったら、個人的な意志を明け渡しましょう。心を静め、受容的になりましょう。答えはすぐに浮かんでこないかもしれませんが、黄緑色《シャルトルーズ》の呼吸を続けることで、あなたの意志を神聖なる力が導いてくれるでしょう。

「この本を書く」という意図と目的が明確になってから、実際に書き始めるまでには、さまざまな段階を経る必要がありました。まず、本を書くために必要な時間と努力を費やす意図が自分にあるかどうかを確認しなければなりませんでした。また、パソコンの前に長時間座り続けることになるため、背中を支えてくれる心地よい椅子が必要でした。さらに、たくさんの資料を整理するための新しいファイル棚も欠かせませんでした。キャスター付きの棚を見つけて、使いやすいようにパソコンの隣に設置しました。棚の一番上にはこの本に登場する石を使ってグリッドを作りました。そこに生花を飾り、キャンドルをともし、フランキンセンス(乳香)をたくことで祭壇を作りました。その後も、書くために必要な環境を整えるために必要な行動をしました。そして最後に、ちゃんと毎日座って書くという継続力を身に付けるため、自分自身の意志に力を与える必要があったのです。

私の例のように、自分の目標を象徴する重要なものをまわりに置く、という活用法はとても役にたちます。そして、ポジティブな考え、感情、行動に集中し続けましょう。決してあきらめないでください。ミスしたと思っても、もう一度、もう二度、もう何度でもやり直していいのです。

力強い意志は、あなたの人格やエゴに基づくのではなく、クリアーマゼンタのハイ・マインドとハイ・ハートでのバランスの取れた男性性/女性性の統治に基づく必要があります。行動を起こすために意志を強く持つ前に、ハイ・フィジカルをハイ・マインドやハイ・ハートと統合することが大切です。これらが統合しているとき、私たちは知らない世界を旅して純粋な創造性のエネルギーを受け取ることが可能になります。

世界を作り変える方法はいろいろありますが、まずは一人一人が自分自身に対応することから始めていくことが必要です。あなたの愛に満ちた魂の内なる光を尊重してください。自分の生命エネルギーを味わうための時間と努力を費やし、より存在のより高い状態を活性化する色の周波数を取り入れましょう。そして一番重要なのは、このプロセスを行っている自分をいつでも愛し、優しく忍耐強く対応してあげることです。

黄緑色《シャルトルーズ》の石

黄色と緑色の完璧な融合は鉱物界ではあまり多く存在しません。しかし、比較的見つけやすく、価格も手ごろで、黄緑色の最適な例となる石があります。それはオリヴァイン(かんらん石)の一種であるペリドットです。

ペリドット　Peridot

この石は鉱物界でもっともクリアーな、生き生きとした黄緑色をしています。多くの場合、透明感があり、光が通過する石のため、力強く活性化する働きがあります。ペリドットは火山岩に含まれ、丸い粒のような状態で発見されます。紅海のセント・ジョン島などで採掘されるほか、ハワイでも見つけることができます。私はハワイのジャングルでハイキングをしていたとき、実際に火山岩の中にペリドットが埋まっているのを見たことがあります。また、特定のビーチではとても小さなペリドットのかけらが砂に混ざっている状態を見たこともあります。ペリドットは通常小さく、２・５センチ以上のものはあまり存在しません。

ペリドットはハイ・フィジカル・ボディー、そして太陽神経叢からお臍までの部分に直接的な影響を与えます。活力に溢れる黄緑色は、毒素がたまってしまった肉体の浄化を促進します。そうして肉体をクリアーにすることで免疫系統を強化することを助けるのです。免疫力を高めるため、喉、脇の下、そけい部のリンパ節に直接置くのもおすすめです(後のハイ・フィジカル・レイアウトを参照)。肉体の不具合にはしばしば感情的な根っこがあるため、ペリドットは肉体に具現化している症状の背後にある感情にも働きかけます。肉体的、感情的なサポートを提供することで、ペリドットはその他の黄緑色の石を一歩リードしているのです。

ペリドットを太陽神経叢に置くと、まるでお腹の中に蝶々がいるような落ち着かない緊張感を手放してリラックスすることを助けます。この石は副腎のバランスを取ると同時に、体全体を活性化する栄養剤のように働き、肉体を強く、健康に、より輝かしい状態にします。ペリドットは傷ついた感情を手放し、ねたみやイライラや怒りなどの強烈な感情をなだめます。感情のエネルギーを高めるため、自分のエゴが傷ついた、という感覚を弱めてくれます。肉体面であれ、感情面であれ、ペリドットは刺激し、再生し、生命力を高めてくれるのです。

ペリドットはまず、美しい黄緑色で目を楽しませることで、ハイ・フィジカル・ボディーを活性化します。ただ眺めているだけでも気分が高揚してくるような石なのです。この石に触れ、活用するほど、黄緑色はナアウ・ポイントを満たし、それは生き生きとした生命力となっていきます。ペリドットを体に置き、黄緑色をイメージして呼吸することで、自分自身に力を与えてみてください。肉体や感情の弱い部分の深みや暗さに活力を輝かせる能力を発揮するペリドットは、ハイ・フィジカルの状態の素晴らしいお手本です。この石によって軽やかになったとき、癒しが起こります。

黄緑色の石は他にもいくつかあります。中には黄色が強いものもあれば、緑色が強いものもあります。どの石もハイ・フィジカルを活性化させるのに効果的ですが、できるかぎり黄色と緑が完璧にバランスされたものを選んで使ってください。ここに挙げたハイ・フィジカルの石の中には、トルマリンのようにさまざまな色になるものもありますが、このワークでは色が大事なので、その中でも黄緑色であることが必要です。

パイロモルファイト　Pyromorphite

もろい石で、しばしば小さなクラスター状で産出されます。ハイ・フィジカルの状態で意識的な意図を保ちながら、具体的な目的を具現化していくことを助けます。パイロモルファイトは、個人的なゴールに到達するために必要な行動を一歩一歩行っていくことをサポートします。エネルギーを与え、高揚させ、モチベーションとスタミナを高める石です。

ブラジリアナイト　Brazilianite

もともとはブラジルで産出された美しく透明感のある黄緑色の石。肉体的または感情的トラウマによってもたらされた落ち込みの状態を回復するサポートをします。肉体と感情のつながりの根源的な部分、つまり暗い影を持つ感情が肉体的な不具合につながりかねない部分に黄緑色の光をあてます。また、肉体的に苦痛な体験が感情に影響を与えている場合の手助けにもなります。ブラジリアナイトは肉体的、感情的現実を引き上げることによって心地よさをもたらす効果的な石です。

ガスペアイト　Gaspeite

六角形の結晶を持ち、カルサイトの親戚であるガスペアイトは比較的珍しい石で、赤茶色の斑点を持つ場合もあります。肉体の症状と、それに対応して太陽神経叢に保存されているネガティブな感情的プログラミングを解毒することを助けます。ガスペアイトは不透明な石であり、黄緑色のエネルギーをグラウンディングする作用があります。感情的に不安定な状況でも、肉体がバランスを保つことを助ける石です。

プレナイト Prehnite

はっきりした結晶になるより、火山岩の丸まった縁に形成されることが多い石です。より強い意志のパワーを育て、自分が選んだ対応方法に基づいて行動するためのモチベーションと決意を高めます。古い中毒的な癖から本気で抜け出し、新しい行動を作り出すサポートが必要なときにはプレナイトが助けてくれます。アルコール、ドラッグ、食べ物などに対する中毒を克服するために内なる力と意志を必要としているときに最適な石です。

アパタイト Apatite

天然の六角形の結晶を持ち、黄緑色になることもあります。ハイ・ハートをハイ・フィジカルと統合するために効果的な石です。自分の女性性または男性性がバランスをくずしているとき、意志の力を使うのが難しくなります。アパタイトの六角形は陰と陽の両極のバランスを自然に取ってくれます。ナアウ・ポイントに置くことで、ハイ・ハートの内なる極に均衡をもたらしつつ、ハイ・フィジカルが意志ある行動をとることを助けます。

サーペンタイン　Serpentine

様々な色に形成される石です。黄緑色のサーペンタインをハイ・フィジカル・ポイントに使うと、スピリチュアルな道に対して改めて一生懸命取り組むことが促されます。スピリチュアルに限らず、何かに打ち込む際に助けてくれる石です。自分が信じる道に向かって進む準備ができたときに効果的です。サーペンタインという名前は蛇（サーペント）の皮の模様に似た様子からきています。時々脱皮する蛇のように、人生の中でも新しい自分として生まれ変わるときが誰にでもあります。サーペンタインは私たちが様々な通過点を通りながら、魂を生まれ変わらせていくことをサポートします。ハイ・フィジカル・ポイントに置くことで、新しい自分になっていく過程で古い生き方を脱ぎ捨てていくことを助けます。

黄緑色のトルマリン　Chartreuse Tourmaline

ハイ・ボディーの高い周波数を保持するために神経系統を強化することを助けます。神経系統が強くなると、肉体の中により多くの光を取り入れ、保つことができるようになります。黄緑色のトルマリンはオーラを明るくすることでカリスマを作り出したり、重い感情をポジティブなエネルギーの流れに変容させたりします。ハイ・フィジカル・ポイントに置くことで、この意志はポジティブな吸引力を身に付けることを助けます。

黄緑色のオブシディアン Chartreuse Obsidian

とても珍しい石で、古代の火山から溶岩が吹き出た場所で産出されます。黄緑色のオブシディアンには火のエネルギーが含まれるため、不安定さという不必要なものを燃やし尽くすことを助けます。誰かを失ったり、悲劇的な出来事の後にポジティブな自己イメージを再構築することをサポートする石です。足りないという感覚、欠如感、自分に価値がないという感覚がもたらす肉体的／感情的な制限を越えることを促します。黄緑色のオブシディアンは困難な時期を通過して、ブラックホール的な体験の反対側から顔を出し、新しい始まりへと移っていく体験を促進してくれるのです。

黄緑色のスミソナイト Chartreuse Smithsonite

非常に穏やかで優しい性質をもっています。スミソナイトの原石はスムーズな球体が層になっているような、ぶどうの房状の形をしています。頭を冷やして深く呼吸をする必要があるときに最適な石です。神経質ですぐに反応してしまう人におすすめです。過剰な感情を和らげ、深い呼吸ができる状態を促します。黄緑色のスミソナイトは強い不安やパニック症の発作にも効果的です。緊張感を中和し、神経系統を和らげるためにエネルギーを伝えてくれます。

黄緑色のフローライト　Chartreuse Fluorite

フローライトには様々な色のものがありますが、黄緑色のものは珍しいです。一般的にはフローライトはマインドに働きかける石であり、活動している際にマインドが今ここに存在し続けることを助けます。黄緑色のフローライトは忙しい一日が始まるため、元気で集中できる状態を保たなければならないときに効果を発揮してくれます。瞬間瞬間に意識を保つための意志の力を育て、活力と決意を持って行動することをサポートする石です。体とマインドを使って達成しなければならないゴールに近づくために秩序を保つことを助けてくれます。

黄緑色のカルサイト　Chartreuse Calcite

カルサイトも様々な色に形成されます。フローライトと同じように、カルサイトもまたマインドに働く石で、ハイ・マインド的な思考を保つことを助けます。黄緑色のカルサイトはハイ・マインドと協力して、ポジティブな考えをハイ・フィジカルのポジティブな感情に安定させることを促します。過去と現在のギャップに橋をかけることで、ハイ・ボディーに意識的に存在することを助けます。より高い平行現実につながりながら、より心地よい生き方に必要な変化や調整を行っていくために最適な石です。

これらの黄緑色の石は、自分自身の運命を自らデザインしていくことを助けてくれます。また、困難な状況でも前向きな考えと感情を持つことをサポートするという効果もあります。ハイ・フィジカル・ボディーを活性化することの目的は、力強い行動を起こすことで個人的、世界的な出来事に影響を与えていく、ということです。人間は生まれつき、瞬間瞬間に存在して、聖なるガイドと意識的につながっていることができます。進化する能力は元々自分の中に存在しているのです。黄緑色の光を明るく照らすことで、物理的な現実や感情の本質が変化し、成長し、前進することも可能になるのです。

ハイ・フィジカル・レイアウト

タンブルのペリドットを30個用意してください。数がそろえば、その他のハイ・フィジカルの石でもかまいません。それ以外にハイ・マインドの石2個とブラックトルマリン6個が必要です。まずブラックトルマリンをベースチャクラ、両手、両足の踵、足下15センチのアースターに置き、黄緑色を根付かせることを助けます。

次にマゼンタ色の石を額のハイ・マインド・ポイントと太陽神経叢に置き、呼吸に意識的に集中し続けます。そして、30個のペリドットを次のように置いていきます。首の両側に3つずつ、両脇の下のそばに3つずつ、太陽神経叢の両側に3つずつ、ナアウ・ポイント（ハイ・フィジカル・ポイント）から5〜10センチ離れた両側に3つずつ、そして両そけい部に3つずつ。

深い腹式呼吸をします。呼吸をするたびにお腹をやさしく上下に動かしながら、吸う息とともに黄緑色が肉体と感情を満たすのをイメージします。もしも特に働きかけたい部分があれば、その場所に黄緑のエネルギーが入っていくことを思い描いてください。吐く息とともに、肉体と感情の苦痛を全て手放します。この呼吸をハイ・マインドで集中しながら22分続けることで石のエネルギーを肉体に根付かせます。ハイ・フィジカル・ボディーを強化したい方はこのレイアウトを毎日練習してみてください。

ハイ・フィジカル・レイアウト

このレイアウトはモニターと共に行う。モニターは石を置き、スペースを保ち、時間を計り、受け手が常に深い呼吸をしていることを確かめる。

目的：

肉体と感情の免疫力を高め、より強い意志の力を発達させ、ストレスを解放してエネルギーを与える。

必要なもの：

ペリドットのタンブル 30 個が一番好ましいが、ハイ・フィジカルの石で同種類のものを 30 個でもよい。使いたいハイ・マインドの石 2 個、ブラックトルマリン 6 個、使いたいハイ・フィジカルの石（30個のより大きいもの）1個。

やり方：

- マゼンタ色の石をハイ・マインド・ポイントに1つ、太陽神経叢に1つ置く。ペリドットを下記の場所に置く。首の両側に 3 つずつ、両脇の下のそばに3つずつ、太陽神経叢の両側に3つずつ、ナアウ・ポイントの両側に3つずつ、両そけい部に3つずつ。大きい黄緑色の石をハイ・フィジカル・ポイントに置く。
- ブラックトルマリンを両手、両足、ベースチャクラ、アーススターに置く。
- 深い呼吸をし、吸う息とともに黄緑色が全ての毛穴から入って、必要な部分に届くのをイメージする。吐く息とともに肉体的、精神的、感情的ストレスを意識的に手放す。
- ハイ・マインドで集中し、呼吸とイメージに常に意識を向けながら、黄緑色を 22 分間呼吸する。ブラックトルマリンが最後になるように石をはずし、浄化する。

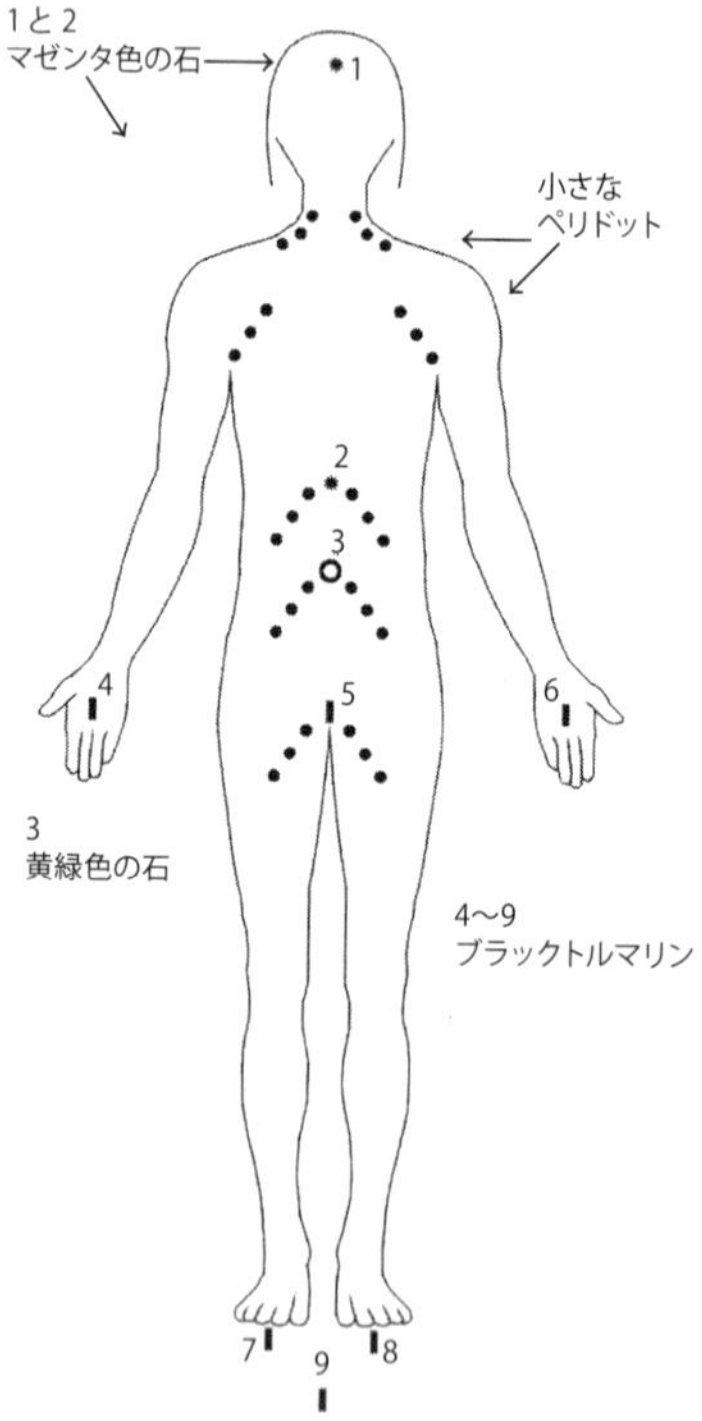

第 5 章

幾何学的な現実

私たちが持っている信念はいくつかのことによって決められています。まず、私たちが両親、教師、共同体、宗教体系などから教えられたことに影響を受けています。次に、私たちより前の世代や文化が持っていた信念で、私たちに手渡されたものに基づいています。つまり信念とは多くの場合、外側からプログラミングされたものだと分かります。それらの信念を子供のような全幅の信頼をもって自動的に受け取り、その信念こそが真実であると受け入れてしまうのです。

また、信念は私たちが直接体験したことにも条件付けられています。しかし、実際は「本当の真実」というものが存在しているのです。たとえ私たちが信じていなくても、またはそれがどんなものか知ってさえいなくても。その真実は私たちの内側深くからくる「知っている」という疑いようのない感覚によって知ることができます。なぜなら、真実とは自分自身の核に響くものだからです。

信念は新しい世紀の始まりや新しい1千年周期の始まりなどに劇的に変化する傾向があります。特に今は新しい2千年周期の始まりでもあります。この変化している時代においてもはや価値がなくなった信念や観念を手放すときなのです。これまで自分が教わってきたことは、自分の内なる知恵に基づいて本当に信じていることなのか、ということを識別するために心から振り返る必要があります。内なる導きに耳を傾けること、事実を調べること、そして疑問を抱くことは、古いプログラミングから外に出て「真実」に手を伸ばすための重要なステップです。「本当の真実」が存在していることを信頼すると、プログラミングされた思考や信念をこれからも持ち続けるのかどうかを自分で意識的に選択することができるのです。

多くの場合、変化とは簡単なものではありません。たとえそれがより良くなるための変化であっても。私たちは自分自身が持っている信念と自己同一化しすぎているため、盲目的になったり偏見をもったりしがちです。自分だけが正しくて他人は間違っていると確信しているとき、その強固な心の狭さが対立を作り出したり、他人に被害を及ぼしたりすることがあります。この不寛容さが個人的なものであれ集合的なものであれ、それは次のような信念に基づいています。「一人が正しいということは、もう一人は間違っているということである」。そして自分が間違っていると言われると自動的に自分を守ろうとしたり攻撃的になったりする対応を取ってしまうことがあります。自分の根本的な信念を見て、真実であると感じられないものを引き抜いていくことは勇気のいる作業です。

新しい２千年周期において私たちの信念が変わり続ける中で、自分のマインドを開いておくことはとても重要です。革命的で独立心の強い科学者や地質学者、天文学者や考古学者などによる新しい先鋭的な証拠が次々と現れ、人類の起源やアイデンティティー、人間としての可能性に関する考え方に変化を及ぼしています。人類としての集合的なアイデンティティーもまた飛躍的に拡大する必要があるのです。古いプログラミングから抜け出し、その時代の一般的な考えや信念とは違う道を歩むのは簡単なことではありません。しかし、私たちが真実だと思っていることは自分の意識の成長に応じて変わっていきます。私たちはこれまでに考えていたよりも大きな過去からの遺産やこれからの宿命を持っているかもしれないのです。

「真実」は存在しています。たとえそのことを知らなくても(または知りたくても)。それは「真実であってほしい」ことではなく、純粋で絶対的な「真実」です。そのより大きな真実を発見するためには、多くの幻想や思い違いを手放していく必要があります。純粋な「真実」と自分の個人的な「信念」が合致したときこそ、ハイ・ヒューマン・ビーイング(高次の人間)として霊的に成長したときだと私は信じています。

考えてみてください。もしも、自然の中で完成された、更に偉大なデザイン、見て分かる「真実」が存在していて、私たちが人類としてお互いとバランスを取っていく方向に導いてくれるとしたら?

地球の核にある六角柱のクリスタル(結晶)

非常に興味深い科学的な情報が最近発見されました。それは、クリスタルの中に自然に存在している幾何学的な完璧さと完全に合致した情報です。第3章ではハイ・ハートに働きかけるために二重の六角形のグリッドを作って内なる両極のバランスを取ることを行いました。復習になりますが、六角形は6つの点が6本の同じ長さの辺によって結ばれ、全ての角度は同等です。上向きの正三角形(男性性)と下向きの三角形(女性性)を組み合わせることによって作ることもできます。この二重の六角形のグリッドは完璧な六角形を内側と外側に作ることによって対立しうる両極をつなげ、調和させることを象徴しています。

私は30年以上クリスタルと深く関わってきましたが、その中で一つの情報は次の情報につながり、更にまた別の情報とつながっていくという経験を何度もしてきました。最終的にはそれらの断片がくっつくことによって信じられないほど見事な情報を形成するのです。これからお話しするのはその面白い例です。あるとき、友人がニューヨーク・タイムズという新聞の記事を送ってくれました。それは1995年4月4日の科学部門に掲載されたものでした。2ページにわたるその記事には、この地球の核は巨大な六角柱の鉄のクリスタル(結晶)でできている可能性が非常に高いと書かれていたのです。

地球には四つの層があります。まずは私たちが暮らしている地殻という部分。これはみかんの皮のような部分で、地球の表面上で動いています。地殻は構造プレートと呼ばれる多くの形の違う部分によって構成されています。これらは冷えた硬い岩の巨大な塊で、6・5キロメートルから65キロメートルの深さまで到達し、大陸や海を貫いています。そして地殻の下にある次の層はマントルと呼ばれ、熱く密度の高い岩によって形成されています。マントルの動きがプレートの動きを作り出し、地震や津波を起こしているのです。マントルは２８００キロメートルほどの厚さで、地殻に近い表面の部分の温度は約８７０℃ですが核に近い深層部は約２２００℃と言われています。

何十億年も前に地球が誕生したとき、非常に重い鉄は地球の深い部分に沈みました。そのようにして、次第に内核と外核が形成されたのです。次の層である外核は溶けた鉄でできています。更に深い部分にある内核は圧力と密度が非常に高いため、約３９００℃という高温にも関わらず鉄が固体の状態になっているのです。地球の重量のほとんどはこの内核に存在する鉄の重さからきています。地球の表面はより軽い元素で主に構成されています。例えばクォーツの成分である珪素や酸素などです。

科学者の中には、内核は鉄の原子の単結晶であり、独自の磁場を持っていると理解している人たちがいるそうです。それは２４００メートルほどの幅で、体積としては地球全体の１パーセントに満たないものです。これまでの見解では、内核は不明瞭で、さしたる特徴もなく、地球全体には目立った影響を与えていないということでした。しかし、新たな研究によって別のことが分かってきたのです。この鉄の塊はまるで木のような質感を持っているようなのです。そのような大きな鉄の結晶が形成されるためには非常に極端な温度と圧力が必要だそうです。

専門家は内核が巨大な結晶質の固体であると見ています。ワシントンにあるカーネギー協会の地球物理学者であるロナルド・Ｅ・コーエン博士はスーパーコンピューターを使って内核の構造を再現しようと試みています。インタビューの中で彼はこう言っています。「私の仮説では、地球の中心は大きな一つのクリスタル（単結晶）でできています。まるでダイアモンドのように」

地球の一番内側を研究するためには地震波と呼ばれる地球内のかすかな振動をキャッチすることができるセンサーが使われています。これによって科学者は、まるで池に波紋が広がるように、大きな地震から発せられる衝撃波の通り道やスピードを知ることができるのです。地震の記録によって、地震波は南北に移動するときよりも東西に移動するときのほうが4秒ほど長くかかるということが判明しました。つまり、地震波は異なる方向に動くと異なるスピードになるような物体を通過しているということです。そして、この特徴をもっているのがまさにクリスタル（結晶）なのです。

そして、地球の核にある結晶の形を知るための実験が行われました。鉄はもともと三種類の幾何学的な結晶になることが分かっています。一つ目は体心立方構造と呼ばれるもので、単一の鉄の原子が8つの原子に囲まれている状態です。これは地球の表面には多く存在している形ですが、高圧では安定しないため、地球の核には存在できません。鉄の幾何学構造の二つ目は面心立方構造と呼ばれます。単一の鉄の原子が12個の原子に囲まれ、立方体のモチーフを永遠に繰り返しています。この構造は高圧でも安定していますが、方向性の状態が地震波のデータと合致しません。そして、最後の形は六方最密構造と言われるものです。これもまた単一の原子が12個の原子に囲まれていますが、立方体ではなく正六角柱のパターンを持っています。そしてこの形は高温と高圧に耐えられるだけでなく、地震波のデータに合致するのです。

この単結晶理論こそ、地球の磁場の特徴に関する長年の疑問に答えてくれるものです。ただし、この理論が広範囲で受け入れられるようになるためには理論上の荒削りな部分をスムーズなものにし、より多くの地震波による証拠を集める必要があります。地震学者は常に新しい手掛りを探し続けています。今では、巨大な内核の結晶を通った地震波は地球の表面で計測可能なかすかな波として跳ね返っているとも予測されています。今も研究は続いているのです。

更に、私が何人かの友人と会っていたときにパズルの次のピースがもたらされました。ある友達が私に「すごいね！　カール・セーガンの新しい本にあなたのことが書かれていたよ」と言ったのです。

私は驚きました。彼女は『カール・セーガン科学と悪霊を語る』（訳注・青木薫訳、新潮社）という本だと教えてくれました。カール・セーガンはアメリカではとても有名な天文学者および天文物理学者であるため、私は彼が自分について何と書いているかに興味を持ちました。しかし、本を買って読んだところ、彼が私を「この世界に悪影響を与える悪霊」の一人と見ていることにショックを受けました。彼の「悪霊」の定義は幅広く、自分が偽りであると信じていることを知的、科学的根拠なしに主張している多くの人を批判していたのです。しかし、このベストセラーの第一章に書かれている情報を読んでいるうちに、私に対しては少しだけ優しく接してくれていることに気づきました。

「アトランティスがらみの本は何百冊も出版されている。ご存知のようにアトランティスは、およそ1万年前に大西洋にあったとされる謎の大陸で（ただし最近では、南極にあったと説く本もあり、位置についてては諸説さまざまだ）、話をたどればプラトンの対話篇にいきつく。プラトンは、これを「遠い過去からの伝説」として紹介しているにすぎないのだけれど。最近の本では、アトランティスが高度な技術や道徳性、霊性をもっていたことや、住民ごと波間に消えるという悲劇的な最後を迎えたことなどが、いつのまにか「確かな筋からの話」とされて、まことしやかに語られている。アトランティスにはいわゆる「ニューエージ版もあって、その「高度な科学文明」の中心はクリスタルの「科学」だったという。カトリーナ・ラファエルの『クリスタル・エンライトンメント』の三部作を読むと――アメリカにクリスタル・ブームを引き起こしたのはこの本だ――アトランティスのクリスタルは人のマインドを読みとり、持ち主に考えを伝えるばかりか、古代の出来事を映しだす歴史の宝庫でもあり、さらにエジプトのピラミッドはこれをモデルにしたのだとまで書いてある。だが、こうした説を裏付ける証拠はというと、何も示されていないのだ」

ここまで読んでみて「世界で最も偉大な科学者の一人が私のやっていることを嘘っぱちだと言って、悪霊だと非難している！」と思いました。しかし、更に読み進めると、彼が知らず知らずに私が言っていることの正当性を主張してくれていることに気づいてとても嬉しくなりました。彼はこのように書いています。

「ことによると、クリスタル・マニアはふたたび勢いを盛り返すかもしれない。というのも、本物の地震科学の分野で、地球内部の核は単一のほぼ完璧な巨大結晶から成っていることが明らかになったからだ。もっとも、その結晶は鉄なのだが」

良かった、セーガンさん。私は傷つきませんでした。ここでも科学的な考え方として巨大な鉄の結晶が地球の中心に存在するということが述べられていたのです。この頃には私は深いグラウンディングや瞑想を通じて地球の六角柱のクリスタルと個人的な関係性を築いていました。

私の3冊目の本である『クリスタリン・トランスミッション』にはスピリチュアルな光を根付かせるチャクラとしてアーススターについて書かれています。このアーススターを活性化するのに使う石はヘマタイト(酸化鉄)です。クリスタルヒーリングの認定コースでは生徒たちに自らの光をアーススターにグラウンディングさせる方法を伝え、そこから地球の中心に意識的に錨を下ろすことを進めています。その時に巨大な六角柱の鉄のクリスタルをイメージすることが最適だと私は感じています。母なる地球が結晶質の核と深く結びついている様子が私にはありありと思い描くことができます。

そして研究を続けるなかで、この巨大な鉄の結晶は月ほどの大きさで、幅が2400キロメートルほどあるということを知りました。外核を構成している鉄の液体に包み込まれているため、実際に直接観察することは不可能ですが、科学者は外核の溶けた鉄が常にかくはんすることによって地球の磁場が作られていると信じています。内核自体は磁場を発生していませんが、外核の磁気が内核に磁場を誘発しているそうです。まるで永久磁石が一時的にペーパークリップを磁気化することができるような状態です。

内核は異方性という性質を持っています。それは、特定の方向特性を持っているということです。内核の条線的な質感は木目に似ており、それによって音波が東西より南北に流れるほうが早く進むことができます。地球の六角柱の結晶核について更に多くのことが判明する過程で、地球の磁場についての疑問に答えが出ることを科学者たちは期待しているそうです。もしかしたら、北極と南極が数百万年に一度移動し、その新しい方位が一時的に定着するという現象について更に理解が進むかもしれません。その現象は内核によってもたらされるものかもしれないからです。

科学者の中には、この結晶質の核は外核の一番内側にある鉄の液体が固体になって少しずつ内核にくっついたことで今の大きさになっている、と信じている人たちもいます。そうだとしたら、そのプロセスは外から邪魔されることなくとてもゆっくりとした速度で起こったと考えられます。まるで、地球の内側で大きなクリスタルが形成されるように。地球の中心にある圧倒的な高圧とすさまじい高温という環境の中で、鉄がゆっくりと結晶へと固体化していくためには何十億年もかかったことでしょう。そして、地球が更に年を重ねている今でも、外核の液体を取り込みながら内核は成長し続けています。内核が完全に外核を取り込んでしまったら何が起こるかは誰も知りません。

この貴重な地球自体にも完璧な宿命とデザインが存在し、それは完全に整えられ結晶質の状態である、ということを私は学びました。そのことを知るだけでも、地球とそこに暮らす全ての生命の進化には聖なる統一性という、より大きな感覚が存在しているということに対して、希望と信念を持つことができました。地球の核に関するこれらの情報は、ヘマタイト（酸化鉄）をアーススター・チャクラに使うことでより高いスピリチュアルなエネルギーを根付かせる、という私が以前から実践してきたことの正当性を実証してくれました。アーススターに焦点を合わせると、地球の結晶質の核の中心と意識的につながることができる、と知ることは大きな安心感を与えてくれます。

地球の鉄の結晶と直接つながることを助けるために次の簡単な瞑想をしてみてください。両足に均等に重心をかけた状態で立ちます。背骨をまっすぐにし、肩をリラックスした状態で深い呼吸を始めてください。頭のてっぺんから息を吸い込むと思って、ソウルスターの光が体の中心を通って、仙骨まで降りていくのをイメージします。息を吐きながらそのエネルギーを両脚に降ろし、足の裏からあなたのアーススターへと吐き出します。再び深く息を吸い、吐くときに、地球の中心にあるクリスタルの核へと深く意識の錨を下ろしましょう。その核を自分で感じ、つながって、自分なりの印象を受け取ってみましょう。

次に息を吸うとき、まず地球の中心に焦点を合わせます。吸いながら地球のクリスタルのエネルギーをアーススターまで引き上げ、更に足の裏から両脚の後ろ側を通って、仙骨までもたらします。息を吐きながら、この地球のエネルギーを体の中心を通って更に持ち上げていき、頭のてっぺんからソウルスターに再びつなげていきます。今度は背骨の基底部まで息を吸い、両脚を降りてアーススターまで息を吐き、地球に根付きます。この呼吸法を続けてみてください。呼吸とイメージの練習をしていると、最も完璧な力の源である、地球の中心に存在する六角柱の鉄のクリスタルとつながることが可能になるのです。

土星が持つ六角形の北極

前章では膝の目との関連で土星について述べました。その時は私たちがどのように動くか、そしてどのように人生の方向性を決めて自分が創造したものに責任を持つかについて書いたのですが、ここで再び土星が登場します。最近発見された非常に興味深い情報をお伝えしたいと思います。土星を取り巻く美しい輪はあまりにも有名ですが、土星を撮影した最近の写真ではこの惑星の北極に完璧な六角形が写っているのです。

2006年の後半にNASAの土星探査機であるカッシーニがこの太陽系で見られる最も興味深

い天候のパターンを撮影しました。土星の熱による光を光源とした赤外線の写真は、土星の北極を旋回する巨大な六角形の蜂の巣状の雲のような形をとらえています。NASAのJPL研究所にあるカッシーニのヴィジュアル・チームの一員であり、大気の専門家であるケヴィン・ベインズの発言がNASAのウェブサイト(www.nasa.gov)に次のように掲載されています。

「これはとても奇妙な現象であり、6つのほぼ等しい辺が正確な幾何学的形状になっています。このようなものは、他の惑星では一度も見たことがありません。そして、土星の大気は厚く、円形の波や対流セルが支配的で、このような六角形の幾何学模様が見られるような場所ではないはずなのですが、ここには存在しています。私たちがいったん、力学的な本質を理解していると、この長命の、根深い北極の六角形が土星の深い大気と恐らく内部の真の自転速度の手がかりを私たちに与えてくれるかもしれません。これが何であるかということを今は誰も理解していません。カッシーニ以前には、土星で1年以上も継続して見られる特徴的な現象が目撃されたことはありません。しかし、この現象は25年以上もここに存在し続けているのです」

土星の六角形は巨大であり、横幅が約2万5000キロ――地球の四倍近く――あります。土星の冬は15年間続き、その間は極夜が長くなります。この六角形は1980年にNASAのボイジャー26号によって撮影されました。ボイジャーの写真は北極が太陽の光に照らされている時間に赤道付近から撮影され、六角形の上層部を一つの角度からしかとらえることができませんでした。しかし現在はカッシーニの赤外線カメラによって、土星の長い極夜でもほぼ真上から撮影されています。

１９８０年に最初に目撃されて以来、この六角形は土星の自転速度および軸と固定された状態が続いているようです。ボイジャーによって発見されたときは、これが六角形の形成物であるのか、そうであるなら、それは継続的なものなのか、ということがまだはっきり分かりませんでした。現在、科学者たちは次のように結論付け始めています。北極の六角形は土星の輪と同じで土星が持つ特徴の一つである、と。この自然発生的な北の六角形のグリッドがどのような大気の力によって作られ、保たれているか、ということに関しては科学者たちはまだ当惑しています。

六角形の内側のエネルギーはよどまずに動き続けています。まるで雲の晴れ間のように、極を取り巻く強力な惑星の波が、大気の深いところまで伸びて現れているのです。熱画像を見ると、六角形は雲の上部からおよそ１００キロ下まで下がっていることが分かります。そして六角形自体は惑星の自転に固定され静止しているのですが、内側の雲は、六つの角の中を速いスピードで動き回っているように見えます。その真上には土星のオーロラも存在していて、この場所全体がエネルギーで活発です。

しかし、土星の南極では全く違うことが起こっています。最近になって初めて目撃された南極には、非常に大きく発達した目を持ち、渦巻くそびえ立つ雲の、とても巨大なハリケーンのような嵐が存在しています。雲は時計回りに時速約５５０キロで動いており、中心の輪から二つのらせん状の腕が伸びているような状態です。

土星はガス惑星なので、地球のように海面から湿った空気が上昇することによってハリケーンが発生するのではありません。そもそも土星には海がないため、どのようにしてハリケーンが発生しているのかはまだ分かっていません。そしてこの巨大なハリケーンは明らかに違います。南極に固定されており、動き回っていないのです。地球のハリケーンが発生したとき作られる、特有のハリケーンの目、雲の壁は、地球以外のどの惑星でもこれまで目撃されたことがありませんでした。

このハリケーンは、厚く、より明るい雲の輪の中に暗い部分が存在しています。その部分は巨大で、約８０００キロ、地球の直径の三分の二もの大きさです。そして土星のハリケーンの目の上の空は晴れていて、通常の雲の厚さの倍くらいまで下に伸びているように見えます。カッシーニ土星探査機はこの惑星に関する今だかつてない深さの映像をとらえていますが、ハリケーンの目の下にある、謎めいた暗い雲が存在を示しています。

六角形やその他の形と同じように、この素早くらせん状に動くエネルギーの渦もまた、聖なる幾何学のはっきりとした顕現です。動くらせんは、運動、変化、成長、進化、そして永遠に自らを再創造し続ける生命の象徴です。自然の中にはたくさんのらせんが存在しています。私たちが住んでいる銀河系もらせんであり、波や貝殻もらせんです。植物の中にもシダのようにらせん状につぼみを開くものもあります。トイレの流れもらせん状の渦です。そして、ハリケーンや竜巻もまた自然の動くスパイラル(らせん)なのです。

土星には六角形の北極があり、大きな目を持つ巨大なハリケーンが旋回する南極があり、そして惑星全体が輪に囲まれています。なぜ土星の北極では風が六角形のパターンに吹くのでしょう？　南極のらせんは北極の六角形にどのような影響を与えているのでしょう？　お互いをともかく適した場所に保っているのでしょうか？　私には答えが分かりませんが、パズルのピースが見つかるたびに、これらの質問に魅了されます。今分かっていることは、六角形は、分離の中から調和、バランス、統一を創造する、聖なる形であるということです。更なる調査や瞑想が必要であり、今後どんなことが分かるのかワクワクしています。

自然に存在する六角形

この六角形の特徴が私たちの太陽系に現象が存在していることは明らかです。未だ完全には理解されていない、地球の内部と土星に存在する深遠で聖なる形を作っているのはどのような力なのでしょうか？　数学の父であるピタゴラスはこう言いました。「まず神が存在した。そして神は幾何学化した」。彼は、大いなる創造主の全一性《ワンネス》から最初に発生した根源的で完璧な形は幾何学的な図形だと考えていたのです。これらの図形は宇宙の自然な働きのある、いたるところで見ることができます。そしてこの本では、それらの図形の一つである六角形に焦点をあてています。

多くのクリスタルは六角形に形成します。そのいくつかがクォーツ、ルビー、アクアマリン、サファイア、アパタイトです。分子レベルで見ると、小さな六角形が秩序正しく集まることでこれらの結晶構造を作っています。分子が不ぞろいに並ぶことはなく、一つの分子が全体から飛び出して「いやです！　自分のやりたいことをします」と言うこともありません。一つ一つの原子がその他の原子と整列し、調和し、完璧な合意ができている状態です。クリスタルの構造にもともとこのような調和が備わっているため、石は価値のあるヒーリングツールとなります。内側では全てが統合していて、全体性《ホールネス》の波動を発しているのです。

水は六角形の分子なので、雪の結晶は全て六角形になります。私たちの肉体は約70パーセントが水であり、地球もまたほぼ70パーセントが水で構成されています。つまり、私たちの内側にも周りにも常にたくさんの六角形の物が存在しているのです。生命は水なしでは生き残ることができません。私たちの生命エネルギーの大事な部分が水の六角形の部分とつながっているのです。

写真やテレビ、映画などに太陽が写ったとき、光が六角形になったり6本の光の筋が出ていたりするのに気づいたことはありますか？　ぜひ探してみてください。これらの現象はカメラのレンズに水滴がついているときに起こることもあれば、全く水分がない場合でも起こることもあります。この六角形の光に一度気づき始めると、視点が変わるのでいつもこの現象が見られるようになります。光は六角形で移動するのでしょうか？　私はそうだと思います。

私たちを元気づける蜂は、私たちがが生き残るために必要な植物の受粉をし、そこから自然の甘みであるハチミツを作ります。そして蜂はみんなで強力して作った六角形の蜂の巣にハチミツを保存しています。最も少ない量のロウで作ることができ、最も多い量のハチミツを蓄えられるのが六角形の部屋だ、ということを本能的に蜂は知っているのです。

六角形の蜂の巣を作る方法は驚くべきものです。蜂たちは2～3カ所から同時に巣を作り始めます。同じ形の巣を作ってからそれぞれをくっつけ、真ん中で繋げるのです。とても上手に作るため、どこがつなぎ目なのかは全く分からなくなります。

自分たちの集合住宅を作るために六角形の格子をつなげていく蜂の能力は、彼らが持つ集合的な目的感覚を表しています。蜂の巣を構成するそれぞれの六角形が持つ本有的な調和は、クリスタルの分子と同じ聖なる幾何学であり、ハチミツという甘いヒーリング副産物を生み出します。蜂はなんと進化した存在なのでしょうか！

ウミガメの一種であるオサガメは、珍しい三角形をした皮のような甲羅を持ち、そこには六角形の骨格が埋め込まれています。また、濡れていた泥が乾いて収縮した干潟には六角形が多く見られます。

なぜその形になるのでしょうか？　水が六角形の本質を持っているからでしょうか？　地球の内核と土星の北極が両方とも六角形なのはなにか意味があるのでしょうか？　なぜ今、新しい2千年のサイクルが始まった時期にこれらのことに私たちは気づき始めたのでしょうか？

一つ言えるのは、自然界のいたるところで宇宙の幾何学模様を目撃することができる、ということです。聖なる幾何学の言語である六角形のしるしは、高次の聖なる理法の力によって創造されています。この大いなる宇宙のデザインは大規模なものでありながら、本質的にはとてもシンプルです。

物理学と超物理学、科学と魂、スピリットと物質を統合することで、私たちが真実を知ることを切に願います。そのようにして、私たちはハイ・ヒューマンへと成長していくのです。

Chapter Two

The High Mind　Magenta

1. ルビー　Ruby

2. ケメレライト　Kaemmererite

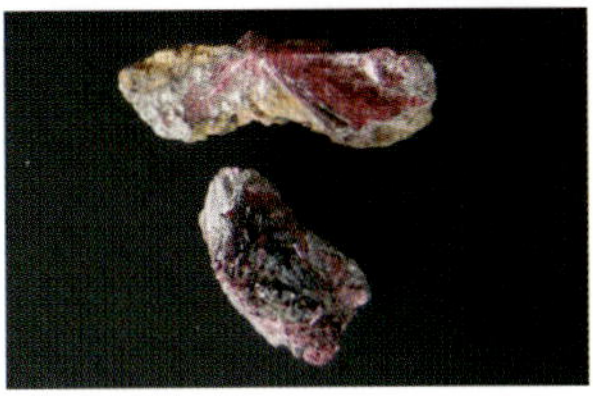

3. エリスライト　Erythrite

4. ベスビアナイト　Vesuvianite

5. ユーダイアライト　Eudialyte

6. ラブラドライト　Labradorite

The High Mind　Magenta

10. マゼンタ・カルサイト
Magenta Calcite

7. マゼンタ・レピドライト
Magenta Lepidolite

11. ローゼライト　Roselite

8. マゼンタ・フローライト
Magenta Fluorite

12. マゼンタ・ガーネット
Magenta Garnet

9. マゼンタ・トルマリン
Magenta Tourmaline

The High Heart　Masculine Stones　Fiery Orange / Red

13．宝石質のロードクロサイト
Gem Rhodochrosite

14．赤色／オレンジ色のジンカイト
Red/Orange Zincite

15．サンストーン　Sunstone

16．バナデナイト　Vanadinite

17．宝石質のスファレライト
Gem Sphalerite

18．オパール化したアンモナイト
Opalized Ammonite

19．ファイアーオレンジ色のカルサイト
Red-orange Calcite

20．ガーネット　Garnet

The High Heart Feminine Stones　Soft Celestial Blue

25. 薄いブルーのカルサイト
Light Blue Calcite

21. セレスタイト　Celestite

26. カヤナイト　Kyanite

22. ブルーレースアゲート
Blue Lace Agate

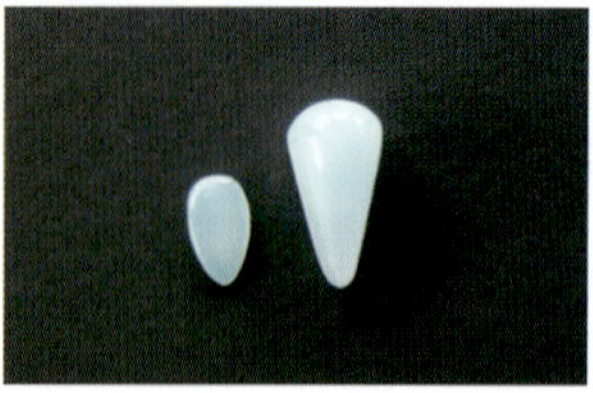

27. ブルー・スミソナイト
Blue Smithsonite

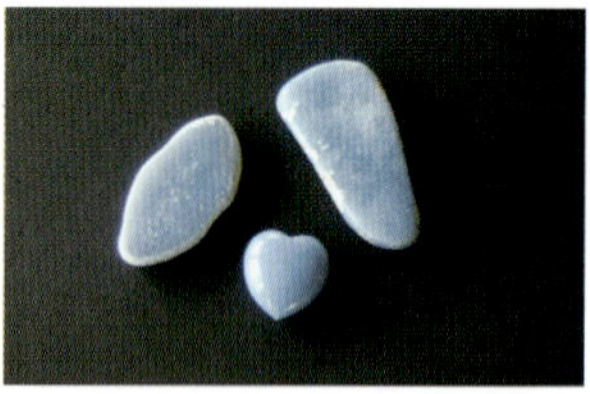

23. エンジェライト　Angelite

28. ブルー・カルセドニー
Blue Chalcedony

24. レインボー・ムーンストーン
Rainbow Moonstone

Chapter Four

The High Physical Body　Chartreuse

29. ペリドット Peridot

32. ガスペアイト Gaspeite

30. パイロモルファイト
Pyromorphite

33. プレナイト　Prehnite

31. ブラジリアナイト Brazilianite

34. アパタイト Apatite

The High Physical Body Chartreuse

38．黄緑色のスミソナイト
Chartreuse Smithsonite

35．サーペンタイン Serpentine

39．黄緑色のフローライト
Chartreuse Fluorite

36．黄緑色のトルマリン
Chartreuse Tourmaline

40．黄緑色のカルサイト
Chartreuse Calcite

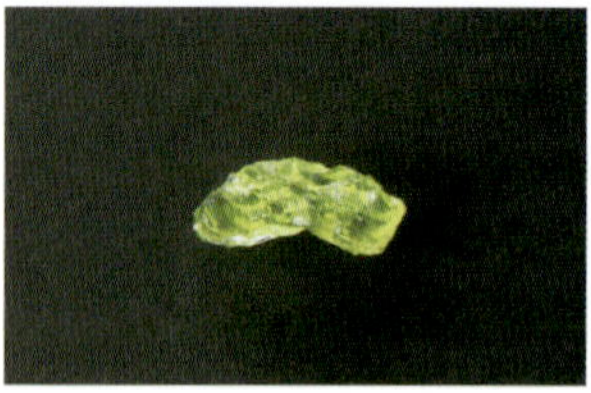

37．黄緑色のオブシディアン
Chartreuse Obsidian

Chapter Six

Eyes in the Knee　Red-Brown

41. アストロフィライト
Astrophyllite

42. ブラウン・オブシディアン
Brown Obsidian

43. ブラウン・シトリン
Brown Citrine

44. ドラバイト
Dravite (Brown Tourmaline)

45. ブラウン・ガーネット
Brown Garnet

46. スファレライト Sphalerite

47. スタウロライト Staurolite

Chapter Seven

Eyes in the Feet　Blended Light and Dark

52. レインボー・オブシディアン
Rainbow Obsidian

53. スモーキー・ルチルクォーツ
Rutilated Smoky Quartz

54. ラブラドライト Labradorite

55. ホークス・アイ Hawks Eye

48. スペキュラーライト Specularite

49. レインボー・ヘマタイト
Rainbow Hematite

50. ネビュラストーン Nebula stone

51. エレスチャル Elestial

第6章

膝の目

私たちの膝はこの地球上の時間と空間の中で私たちが自分の肉体を移動させる能力を与えてくれます。脚の上部にある大腿骨(腿の骨)と下部の主要な骨である脛骨と腓骨をつなげる役割を果たしているのが膝です。人間の体では、体重のほとんどを支えている部分でもあります。曲がったり伸びたりする複雑な蝶番関節です。膝が曲がると脚は後に行き、膝が伸びると脚は前に行きます。その動きによって私たちは這《は》い、立ち、歩き、走り、スキップし、ジャンプし、踊ることができるのです。膝を曲げるとき、私たちは大地に触れたり、ひざまずいて祈りをささげたりすることができます。

このようにして、私たちがどこに行くときも膝は肉体の重さを支えているため、次のハイ・ボディーの位置が膝という重要な場所にあるのは不思議ではありません。名前は「膝の目」と言います。変わった名前だと思うかもしれません。また、ハイ・ボディーの意識が蓄積する場所としては、意外だと思うかもしれません。それでも、膝の目はハイ・ヒューマン(訳注・ハイ・ボディーが活性化した状態の人間)の高い周波数がグラウンディングし、この現実でしっかりと機能するためのクリエイティブな基盤を作る場所なのです。

膝の目とは、自分自身にとって利益のある方向に動いていくことを助ける特別な能力を膝が持っているということを表しています。まるで両膝の裏側に1つずつ目が描かれていて、今まで自分がいた場所をはっきりと見ることができるような状態です。自分が大切にしている道から少し外れてしまったな、と感じるときには、方向を変えることを膝の目が助けてくれます。また、すでに自分にとっての道を歩んでいるときには、前進し続けることを膝の目が助けてくれます。

膝の目はスピリチュアルな成長の加速を促してくれます。これらのスピリチュアルな目が開いていると、自分がどこにいくのか、そしてどうやって行ったらいいのかをはっきりと認識できます。自分がより進化するために必要なステップをどう踏み出したらいいのかを理解し、その一歩一歩を意識的に歩いていくことができます。

膝の目によって進むステップとは、肉体的、精神的、感情的、スピリチュアル全ての側面と関わっています。例えば、傷ついた感情の状態やネガティブな考えの状態から前に進もうと決めたとき、膝の目がその歩みを助けてくれます。また、物理的にどこかの場所に行きたいときも、膝は必要なだけ曲げ伸ばしを繰り返すことによってあなたがそこへ行き、更に帰ってくることを助けます。

色と位置

膝の目のポイント(石を置く位置)は両膝関節の裏側にある柔らかい部分です。この柔らかく、触りやすい部分に目には見えない目が存在しています。石が1つしかない場合は両膝の間に置いてもかまいませんが、一番いいのは同じ種類の石を2つ用意し、それぞれを膝の裏側の柔らかい部分に触れるように置くことです。

膝の目に対応する色は鮮やかな赤茶色、大地の色です。茶色はもともと赤、黄色、黒が混ざり合った色ですが、それに更に赤を足すことで、この部分のハイ・ボディーを完璧に刺激する最適な色になります。つまり、この色には赤が2に対して黄色が1、黒が1含まれています。膝の目に赤色が二倍に存在することで、あなたの人生における動き方にクリエイティブな可能性とダイナミックな力をもたらします。

ここに赤が二倍に存在することで、ハイ・ボディー全体で赤が6、存在することになります。ハイ・マインドに2、ハイ・ハートに2、そして膝の目に2。赤色が豊富にあることでクリエイティブな成長の促進が刺激されますが、間違った意図で使うと過剰な赤のエネルギーが危険になることもあります。赤のエネルギーが多すぎることのマイナス面は攻撃性や理性のない行動として現れることがあります。「熱い」感情である怒り、激怒、ねたみ、イライラ、不安などが、肉体面にも炎症や熱などとして現れるかもしれません。ハイ・マインドとハイ・ハートに存在する赤のクリエイティブなエネルギーが膝の目の大地の赤と共通の目的によって統合されてから、初めてハートの戦士として一歩を踏み出すことが大切なのです。

目指したいのは、5つのハイ・ボディーが調和して機能している状態です。ハイ・フィジカル・ボディーがハイ・マインドやハイ・ハートに沿った状態になってから自分の意志に力を与えて意識的な選択をすることが大切ですし、さらには膝の目がハイ・フィジカル・ボディーに沿った状態になってから自分の目的を達成する方向に動く必要があります。膝の目は行動を起こす場所です。その行動が自分の他の部分と調和しているのであれば、より大きな満足感へとあなたを連れて行ってくれるのです。

膝の目の色である大地のような赤茶色は自然の中で豊富に見つかります。いろいろな木の幹の色であり、ユーカリの樹液の色であり、鉱物界にも豊富に存在しています。また、鉄分が豊富な土の色でもあり、ハワイ諸島でもこの赤土を見ることができます。この色は、この地球を歩くとき、自分の魂の目的に沿って自信と明確さをもって動くことを象徴しています。

膝の目において、自分自身の魂の目的としっかりつながっています。この地球で自分が何をやっていくのか、ということが分かれば、すぐにそこに向かって踏み出すことができます。これらのスピリチュアルな目が目覚め、「ルートビアア色(赤茶色)」が活性化すれば、あなたの全ての動きに力が与えられます。全体としての地球や環境、植物界や精霊の世界、鉱物界や地球の内側にもう少しだけ注意を払い始めるだけでも、膝の目は眠い目をこすって目覚め始めます。この地球での歩みをあなたの魂の目的が導くようになったら、進むに応じて、事を霊的にしていくことが可能になるのです。

膝の目を目覚めさせる

この部分を活性化するためには、まず膝の目の重要性に気づくことから始めてみましょう。毎日歩くときに自分の一歩一歩に気づきを持つように心がけます。あなたの歩みは軽いですか？　重いですか？　必ず特定の脚から先に歩き出しますか？　片側の膝の方がより強いとか、必ず特定の膝が上にくるように脚をくんでいるなど、いろいろなことを観察してみましょう。いつも支配しているのはどちらの膝でしょう？　時間を見つけて自分の膝に気づきを向けてみてください。話しかけてもいいかもしれません。調子はどうですか？　何かあなたに伝えたいことがありそうですか？　これまでの人生で、膝はあなたを全ての場所に連れて行ってくれました。あなただけの輸送手段なのです。ぜひ膝に感謝してみてください。

事故や怪我が原因の場合もありますが、前に進むことに困難を感じている場合は、右側と左側（男性性と女性性）のアンバランスからきていることもあります。どちらか片方が明らかに支配的または服従的な場合は、第3章のハイ・ハートの瞑想をしてみてください。右側の男性性か左側の女性性のどちらかが相手についていけないと感じているのかもしれません。人生で前に進むとき、自分が作り出すものに関する選択と責任はバランスが取れていて、内なる男性性と女性性の両方によって分かち合えるものでなければならないのです。

それでは、膝の目を刺激する簡単なエクササイズをご紹介します。仰向けになり、赤茶色の石をそれぞれの膝の下に置きます。目を閉じて両膝に注意を向け、深い呼吸をしながら活力に満ちたクリエイティブな力を膝に取り入れることをイメージします。これを11分以上行ってみてください。うつぶせになって膝裏の上に石を置き、同じことを行ってもかまいません。

膝の目はあなたがネガティブな状態から自分を立ち上がらせ、前に進み続けることをサポートします。転んでも、できるだけ早く起き上がることを助けてくれます。転ぶのは悪いことではありません。バランスを回復したら、罪悪感や恥の感覚を持たずにただ立って前に進めばいいのです。膝の目が開いていると、自分を責めながらぬかるみにはまり続けることができなくなります。そこからすぐに出て行くことが可能になるのです。

過去をいつも引きずって歩いている人は、膝の目を活用しているとは言えません。膝の目を通して世界が見られるようになると、今ここに存在することができやすくなります。今ここに気づきを根付かせると、今どんな行動をしたらいいのかが直感的に分かるようになります。いつ何をしたらいいのかを認識することが自分自身の未来を作っていくのです。

この大地のような赤茶色はあなたがものごとに柔軟に対応していくことを促します。転んでも、何度も何度もハイ・ボディーの状態へと起き上がることを手助けします。困難にはまりにくくなったり、はまってもすぐに抜け出せたりするようになります。この立ち直りの早さによって、自分の目的を達成するための力強さと継続力を身に付けることが容易になるのです。

プロテクション（保護）

膝の目が開き始めると、自分にとって必要ではない状況から立ち去ったり、自分にとって有益ではない人から距離を置いたりすることが自然にできるようになり始めます。一つの場所から去るということは、自動的に別の場所に向かって進むということなので、新しい環境や人間関係があなたをサポートしてくれるようになります。内側と外側からのサポートがあれば、自分をしっかりとグラウンディングさせて人生で行きたい方向性をはっきりと設定することが可能になります。

パッチリと開いた膝の目は、自分の背後で何が起こっているかを直感的に知る能力を与えます。まるで、自分の周りを３６０度見渡せる状態です。膝の目は体の後ろ側にあります。普通は後を振り向かないと見えない場所にも目を光らせてくれるのです。例えば知らないところからネガティブなエネルギーがやってきた場合、あらかじめはっきりとそれを感じて、衝突を避けるために違う場所へと回避することができるようになるかもしれません。まるでハイ・ボディーの護身術です。

もはや背後から刺されることもありませんし、気づかないうちに無意識のカルマの報復によっておしりにかみつかれることもありません。膝の目が開いていると、自分の方向にやってくる破壊的なエネルギーにすぐに気づけるようになります。そして、自然に危険な状況やネガティブな環境から立ち去ることができるようになるのです。

膝の目を開くことはまた、潜在意識の中に保存された自分自身の恐れを見ることを可能にします。私たちの背後にこそ過剰に反応するエネルギーがたまっていくのです。ハイ・マインドと共に働くことで、膝の目は自分の影の部分に対しても目を開き、自分に特定の状況を引き寄せているのは自分のどの部分なのかを見せてくれます。自分自身の影に気づくと、前に進みたいときに自らの影に足を引っ掛けて転ばなくてもすむようになります。

顔についている目は前を向いているので、今この瞬間に自分に向かってきているものを見ることができます。それに対して、下半身の後ろ側についている膝の目はこれまでの自分の体験を見るという役割も持っています。自分という魂の全ての旅で起こった出来事を膝の目は目撃しているのです。

そこには子供時代の経験や過去生の経験が含まれます。そして、膝の目が開くと、拡大された視野でこれまでの体験から学ぶことができます。膝の目はあなたが過去から学び、未来へと進むことを助けます。そして自分の魂の歴史を認識すると、新しい霊的な保護をもたらしてくれます。これまでの自分の歩みやこれからの方向性を知ることはとても貴重なことです。古いパターンから一歩踏み出し、新しく自分が選んだ場所に入っていく、というのが膝の目にとって大切なダンスのステップです。

膝の目が開くと、自分にとって前向きな人間関係や環境に自然に入っていくことができます。また、新しい現実を自信を持って作れる状態に近づけば近づくほど心地よい感覚が増していきます。仕事面、経済面、家族やあらゆる人間関係、内なる導きなど、全ての側面において自分の魂にとって最高の運命へとつながる道に導いてくれるのが膝の目なのです。

もちろん、膝の目は常に「前に進め」というメッセージを伝えるわけではありません。時には、歩みのスピードを落とすことで自分のスピリットとつながりなおすことが大切です。もともとあなたが前進と達成だけを重んじる人で、壁にぶつかるまで止まらない性格であれば、しばらく立ち止まって意識的に呼吸し、「ただ存在する」ことを体験する大切さを膝の目が教えてくれるかもしれません。ワーカホリックと呼ばれる仕事人間は常に急いでいて、いつも思考が働き続けているため、実際は意識的に一歩を踏み出せていないこともあります。そんなときは膝の目が自分の内なる声を聞くために静かに立ち止まることを導いてくれます。時には休息し、完全に自分の内側に入って静かに見つめることも必要です。いずれにしても、膝の目はあなた自身が心地よく生きられる方向へと導いてくれるのです。

ハイ・ボディーが活性化し、自分のマインド、ハート、意志、肉体と協力して働いている状態になると、生きること自体がよりスムーズになります。また、観察力が優れていきます。文字通り、より高いところを歩いているような状態です。ハイ・ボディーが活性化して調和すると、今までよりも早く振動しているので、膝の目はあなたがこれまでは想像もできなかった奇跡の方向性へと導くことができるようになります。

歩いているとき、次の瞬間に気づきを持ってみてください。片足はしっかりと大地についていて、もう片方は浮き上がって次の一歩の準備はできているけれど、まだ地面に触れていない瞬間。これこそ、あらゆる可能性が存在している瞬間です。自分がどこに向かっているかは分かっているけど、まだ実際にはそこに到達していない瞬間です。膝を持ち上げて前に進むその瞬間にこそ、自分が望む場所に到達する可能性が存在しているのです。その瞬間、「到達する」という期待とともにゴールが近づきます。目的地がキッチンでも、お店でも、別の国でも、そして自分の家でも。

そして次の一歩を踏み出すために前に動いたその瞬間に、膝の目は別の方向性に自らを導くこともできるのです。瞬間的に別の場所に行きたくなるようなガイダンスを受け取ったら、方向転換することに対してオープンでいてください。もしかしたらいつもと違う道を歩くことで事故を避けられるかもしれないし、最近会っていなかった親しい友人に遭遇するかもしれません。膝の目が開いていると、瞬間瞬間に聖なる干渉をキャッチできる状態になります。その瞬間的な感覚に乗っていくことで、自分の視点を変え、人生の向きを変えるきっかけとなる人や場所に出会えるかもしれません。膝の目はあなたが聖なる導きに対してオープンになり、いつでも計画を変更できる状態でいることを助けます。

左膝が持ち上がるとき、私たちは一瞬右足だけで立ってバランスを取る必要があります。そして次の一歩のときも、左足だけでバランスを取ることが一瞬起こります。歩くということは右半身と左半身、つまり自分の内なる男性性と女性性のバランスを取る行為です。歩くためには、ほんのわずかな瞬間でも右と左でバランスを取れなければなりません。

時間があるときに、20分ほど一人で歩いてみてください。その時、膝の目を使ってハイ・ハートのバランスを取ることを意図します。そのためには、一歩一歩に意識を向けながら、自分の体重が左右に均等にかかりながら歩けているかを確認します。歩きながら、自分の内なる男性性が女性性に語りかけるのを聞いてあげてください(心の中でも、声に出してもかまいません)。その後、女性性が男性性に語りかけるのを聞きます。男性性と女性性がそれぞれの膝に宿らせながら、深い呼吸を続けて歩きます。歩いている間中、内なるバランスを保つことを心がけてみてください。歩き終わったら、その時の自分を振り返ってみましょう。自分の男女性のコミュニケーションの内容は、自分の体の動かし方や歩き方、感じ方などとリンクしていましたか?

未来に向かって踏み出す

占星術では、土星は形あるものの王であり、物質のマスターと呼ばれています。結晶化を司っている惑星でもあるので、水晶の結晶化もまたこの惑星が支配しています。同時に、土星のエネルギーは変えることが難しい古くからの癖や、新しいパターンを結晶化させて定着させることの象徴ともとらえられます。比喩的には、土星はものごとに枠を提供し、創造に境界線を与えます。そのことが秩序をもたらすため、新しい形が具現化できるようになるのです。

土星はまた、カルマの王としても知られています。それは、自分が創造したものに対しての責任は自分自身にある、ということを表しています。カルマは意識的な行動からも、無意識的な行動からも作られます。自分の行動全ては結果を伴うのです。活性化した膝の目は、古くてくたびれたものから歩き去り、力や利益を与えてくれるものに向かって進むことを可能にします。土星は自分の考え、感情、言葉、行動に対して責任を持つという現実について教えてくれます。

膝の目を司っているのはその土星です。そして、謙虚さということを教えます。宇宙の流れという祭壇に向かったとき、謙虚にひざまずくことができるようになるのはとても大切なことです。膝の目が活性化されると、過去の経験から得た知恵を認識することができ、学ぶことが可能になります。膝の目によって魂の道筋がはっきり見えてくると、足を速めて前進するときなのか、速度を落とすときなのかが分かり、過去にはまってしまったかもしれない穴に落ちることが少なくなっていきます。私たちの魂が、この三次元の現実でさまざまなことを学べるように土星は構造や形を作っているのです。

膝の目はハイ・フィジカルと直接的に関係しています。感情的な過剰反応に支配され、きつい言葉や攻撃的な態度を取ってしまいそうなときは、まず呼吸とつながり、ハイ・フィジカル・ポイント（ナアウ・ポイント）の意志とつながりましょう。その瞬間、膝の目はすぐに行動する準備ができ、一触即発の状況に対して新しい方法で進んでいくことが可能になります。もしかしたら、ネガティブな感情をぶちまける代わりに、笑って部屋から出て行くことを選ぶかもしれません。または、自分が強い感情を抱いている対象に向かって、愛を持って進んでいくかもしれません。それとも、しっかりと自分にとっての真実を口にするかもしれません。もしかしたら一歩下がって道をゆずるのかもしれません。一つ言えることは、ハイ・フィジカルと膝の目が協力しているとき、あなたは感情・言葉・行動において積極的に平和を保つような反応が自然にできやすくなります。たとえ二歩進んだ後に一歩下がってしまっても、前進していることに変わりないのです。

膝の目が活性化していると立ち直りが早くなり、すぐに動いてハイ・ボディーの目的に向かっていくことが可能になります。自分自身の未来を意識的に創造していくという強い決意を持って瞬間瞬間を生きていくのです。しっかりと道を前に進むことで、この地球上で物理的な行動を起こすための勇気と強さを得ることができます。活性化した膝の目によってもたらされた前に進むためのエネルギーを使って、一歩一歩を意識しながら歩くと、過去に流されるのではなく未来を自ら切り開いていくことができるのです。

未来に目を向けると、人類やその他の地球上の生物が生き残るためには大きな変化が必要だということは明らかです。そして私たちにはそれぞれの役割があります。政治家になる人もいれば、農業をする人もいるし、株の売買に携わる人も、家庭に入って子供を育てる人もいます。自分がどこにいるか、そして何をしているかに限らず、膝の目を開くと、自分自身にとって最適な道へと自らを導くことができるようになります。今必要なのは全ての人が行動することです。人類という家族の一員として、私たちが地球を癒す必要があります。膝の目は個人の地球での人生を司っていますが、それは必然的に人類全体に影響を及ぼすのです。

自分が住む地域や国、そして世界全体で何が起こっているかを知っておくことは大切なことです。知識は力です。しかし、膝の目は、世界的な大きな問題に関与しながらも、それにコントロールされたり、心を奪われたりしないでいることの大切さを教えてくれます。その代わりに私たちは自分の内側や周りの環境の中で美しさと平和と豊かさを作ることに取り組んでいくことができます。その行為自体が世界的な平和への大きな貢献になるのです。笑いや楽しさを促進する時間を作ってみましょう。私たちの命を育んでくれている自然や自然元素と調和の関係を築いていきましょう。楽しむことに時間を使ってください。

膝の目に対応する石

全てのハイ・ボディーに対応する石と同じように、ここでも特定の色が重要になります。膝の目に対応する色は前に述べたように黒が1に対して黄色が2、そして赤が2です。ここに挙げる石の中には黄色味が強いものから赤味が強いものまでさまざまなバリエーションがあります。どの石も優れた効果を生み出していますが、まだ発見されていない石もたくさんあると思います。それは膝の目に限らず、全てのハイ・ボディーの石に関して同じことが言えます。

アストロフィライト　Astrophyllite

チタニウムを含む珍しい鉱物で、白いカルサイトと一緒に育つことが多いです。カルサイトは平行現実に橋を架けるのを助けたり、成長する意欲を刺激したりします。アストロフィライトはメタリックな深いブロンズ色がまるで星のように光る石で、しばしば白いカルサイトが背景にあります。深い金色がかった茶色がより濃い茶色に反射しているアストロフィライトは、膝の目に輝きを与えます。珍しい石であり、質の良いものの多くはロシアで産出されます。

アストロフィライトは肉体に存在する全ての微細《サトル》なエネルギーシステム――経絡、チャクラ、ハイ・

ボディー、オーラ――を充電します。まずは両手に1つずつこの石を持ってみてください。洗練されたエネルギー体が刺激され始めると、膝の目はよりスムーズに古いやり方から新しいやり方へと変化していくことが可能になります。アストロフィライトは私たちの中に存在する微細な力に命を吹き込み、自分自身が叩くドラムの音に合わせて踊ることを助けてくれる石です。

アストロフィライトはアストラル・フライトのための比喩的な翼を与えることで、意識的にアストラル・トラベルすることを促進する力強い能力を持っています。私たちは眠っているとき、しばしばアストラル界を旅しています。朝起きて覚えている夢は、アストラル界での体験である場合も多いのです。アストロフィライトは私たちが起きているときも寝ているときも、微細な高次元のエネルギー場を意識的に旅することを助けてくれます。

両膝の裏側にアストロフィライトを置いてから眠りについてみてください。夢やアストラル界の旅を覚えていることを助けます。夢を見ている途中で「これは夢だ」と気づき、更に自分の力で夢の結末に影響を与えられることに気づいたら、あなたはすでに膝の目を大きく開いてアストラル界を飛んでいるのです。

ハイ・マインドの集中力とハイ・フィジカルの意志の力があれば、目覚めているときに意識的に自分の肉体を離れることも可能です。意識的なアストラル・トラベルを練習したいのであれば、仰向けになって両膝の後ろ、サードアイ、両手に合計5個のアストロフィライトを置きます。肉体を完全にリラックスさせながらも、意識的な気づきを保ちましょう。そして、自分がどこに行きたいかを明確に意図します。意識的なアストラル・トラベルを試みる場合、肉体を離れ、再び安全に戻ってくることに対して自分自身で責任を持つことがとても大切です。

次元を超えた旅を練習したいのであれば、保護のためにハイ・ボディーの色を自分の周りに保っておきましょう。旅をしている間中、肉体の呼吸を意識していることは大切な鍵です。自分がどこに行こうとも、特に夢の中で心地悪い体外離脱の体験が起こったときなどは、深く意識的に息を吸って、肺を酸素で満たしてあげると瞬間的に肉体に戻ってくることができます。アストロフィライトは膝の目をしっかりと開いて飛び立つときにはずみをつけてくれます。また、大地の茶色が安全にグラウンディングして肉体に戻ってくることを助けます。あなたが常に意識的な呼吸を保ちながらアストロフィライトを使えば、肉体から安全に離れ、安全に戻ってくることを膝の目の明るい茶色がサポートしてくれるのです。

アストラル界はしばしば「スピリットの世界」や「死後の世界」とも言われます。肉体が死を迎えたときに私たちの魂が行く場所なのです。ここで、肉体を離れた魂は前世の体験についてより広い視野で見ることができます。大切な人が亡くなったとき、埋葬する前にアストロフィライトを遺体の両膝の裏と両手に置くことによってスピリットの世界へつながる道に明かりをともすことを助けます。古代エジプトの埋葬の儀式で死後の世界での助けになるようにいろいろなものを一緒に埋葬したように、アストロフィライトは魂が次の世界に旅立つときのサポートとして使うこともできるのです。

ブラウン・オブシディアン Brown Obsidian

オブシディアンの色のバリエーションの一つです。この石は溶岩の流れによって作られました。熱く溶けた炎のような地球の内側が古代の火山から液体の溶岩として流れ、それが固まったものがオブシディアンなのです。ガラス質で鋭く強く、新石器時代の先祖たちはこの石で鋭い刃を持つ道具や武器を作っていました。

オブシディアンは自然のガラスであり、透明感と光沢があります。ブラウン・オブシディアンは膝の目を刺激するために必要な赤茶色に形成されます。オブシディアンはレーザーのように鋭くなりうるため、古く時代遅れでもはや使い物にならない全てを切り裂く能力を持っています。考え・感情・行動の古いパターンから抜け出すことを助ける石です。無意識の抵抗感を「切り裂いて」、古いパターンから進化する準備ができた人のための石なのです。

ブラウン・オブシディアンは自分自身の内なる声が言う聖なる真実に耳を傾けず、他人から言われたことをやり続けてきた人のための石です。長い間、古い癖にとらわれていたけれど、これからはリスクを恐れずに生きたいと感じている人に最適です。ブラウン・オブシディアンを膝の目、サードアイ、両手のひらに置くことで、停滞した状況から出て行くための内なる大地の炎を強めることを助けます。自分自身の目標により近づいていくためにどのような具体的な行動を取る必要があるかということを理解する助けになってくれる石です。

赤茶色のオブシディアンは古いやり方と古い在り方を変容させることを助けます。他のハイ・ボディーの石と合わせて使うと、自分が内側で本当は何を求めているかを見つけることをサポートします。ブラウン・オブシディアンはあなたが進化のらせんを上っていくことを妨げている障害物を取り除くことを助けます。もしこの石が話せたら、きっとこう言うでしょう。「進みましょう！　行動しましょう！　待つ必要はありません！」

ブラウン・シトリン　Brown Citrine

シトリンの中でも深い茶色を持つものは膝の目に使うことができます。明るい金色のシトリンのほうが人気があるからこそ、茶色のシトリンはたくさん残っています。

ブラウン・シトリンは今ここでものごとを具現化するために肉体にエネルギーを与えることを助けます。何でも先延ばしにしてしまう無気力な状態に光を与えるのです。後でやろう、と常に思い続けていると何も達成できません。茶色のシトリンが発するエネルギーは動きと行動をかきたてます。ソファーから立ち上がって庭の植物に水をやる、という単純な行動でさえも、生命と自然を促進する動きです。それ以上に、ポジティブな行動を作り出す方向性へと自分を動かすことができます。

ブラウン・シトリンは膝の目が刺激的で生き生きとした経験を促す状況や人間関係に向かって前進することを助けます。この深い色のシトリンはあなたが自分の肉体を時間と空間の中を動かしていくことを手助けするのです。茶色のシトリンをポケットに入れて持ち歩いたり、机の上やエネルギーが滞っている場所に置いたりするのもいいでしょう。使った後は石をクリアリングしてください。

目覚めが悪かったり、ベッドから起き上がるのがおっくうに感じられる場合はベッドサイドに手のひら大のブラウン・シトリンのクラスターをあらかじめ置いてください。目覚めてすぐにシトリンを両手に持ち、その後脚を伸ばしてベッドの上に座り、両膝の下に石を置きましょう。少しチクチクするかもしれませんが、大丈夫です。その状態でシトリンの色をイメージしながら深い呼吸を行います。深い大地のような赤茶色が膝を活性化する様子を思い描きましょう。この呼吸を意識的に3分間行います。終わったらベッドから降りて、一歩目を意識的に踏み出しましょう。あなたが今日一日踏み出すたくさんの一歩のうちの一つです。ブラウン・シトリンは自分が選んだゴールを具現化する方向へと導いてくれるのです。

ドラバイト（ブラウン・トルマリン） Dravite (Brown Tourmaline)

トルマリンが持つさまざまな色の一つです。全般的にトルマリンは振動数を上げる能力を持っています。ドラバイトはトルマリンの中では珍しい色で、ピンクや緑や青のもののような透明感はありません。より濃く不透明で、強く安定した感覚を持っています。

ドラバイトは個人的な強さを作り出すことに携わる石です。瞑想中にこの石を握ることで、ハイ・マインド的な集中力を強めることができます。外出するときに身に付けたりポケットに入れるのもおすすめです。膝の目に置くと、ハイ・フィジカル的な意志の力を刺激し、強める助けになります。

ドラバイトは肉体を意識的に強化するために使うこともできます。日常的に運動をしている場合、または運動するためのモチベーションを高めたい場合には寝るときにドラバイトを膝の下に置いてみてください。石のエネルギーを膝に吸い込むように呼吸し、肉体が強くなっていく様子をイメージします。また、膝の怪我や痛みを癒すためにも同じように使ってエネルギー的なヒーリングを行うことができます。

感情的に反応してしまうパターンを変えたいときにも役立つ石です。自分ではコントロールできない感情的な反応を引き起こすかもしれない環境に身をおくときはドラバイトを持っていきましょう。感情的な落とし穴になるかもしれない場所に入る前にハイ・マインドを使って「このように対応したい」という自分の態度を明確にしましょう。そしてハイ・ハートのバランスを取り、内なる男性性と女性性が協力し合っている状態をイメージします。いつもとは違う対応をする、という意志を持ちましょう。そして最後にドラバイトを握りながら古いパターンの中に歩いていき、自分の中の思考と感情の違いを体験しましょう。ドラバイトが膝の目に働くことによって、古い態度から立ち去ることが可能になります。

ブラウン・ガーネット　Brown Garnet

多くの色と形を持つガーネットの一つです。ガーネットという鉱物の中にはさまざまな化学組成を持つものがあるため、この石は変化する能力(一つの形から別の形に移る能力)を持っています。形を変えながらも根本的な一体感を保つという能力こそ、ガーネットが教えてくれる最大の学びの一つです。

膝の目に対応している赤茶色はアルマンディン・ガーネット、スペサータイト・ガーネット、そしてアンドラダイト・ガーネットに見ることができます。これらの赤土色のガーネットは、たとえ他人と意見が一致しなかったとしても、相手は自分と違うということを受け入れることを教えてくれます。自分とは違う考え方や感じ方をする人と話し合うとき、ぜひブラウン・ガーネットを持っていってください。相手を受け入れることを助け、反対の見方や意見があったとしても、根本には存在している「同じ部分」とつながることを促します。赤茶色のガーネットは全てはつながっているということを理解することを通じて他人との統一を作り出すことを助けるのです。全ての人は独自の意見を持つ権利があるということを認め、他人の見方と協調しながらも、必ずしも一致しなくてもいい、ということを教えてくれます。

仰向けになって膝の目にブラウン・ガーネットを置いてください。両膝に深い呼吸を11分間、入れます。これは、立場や視点、態度や感情を柔軟に変化する能力を促します。ガーネットは日常生活の中であなたが「変化しやすさ」を実践することを助けます。他人をより受け入れられる状態で意識的に変化しながら歩くことを促すのです。

スファレライト　Sphalerite

力強い石であり、膝の目におけるクリエイティブな力を最も活性化してくれる石の一つです。スファレライトはしばしばガレーナ、フローライト、ステラビーム・カルサイトと一緒に産出します。暗いメタリックな茶色に見える鉱物ですが、注意深く観察すると光を反射するときに赤茶色の輝きが表面から放たれています。スファレライトは鉄分を25パーセントまで含む場合があります。それによって、クリエイティブな力を生活の中に直接根付かせることを助けます。宝石質のスファレライトは稀少ですが驚くほど美しく、高い価格を払う価値があります。

スファレライトは膝の目においてモチベーションを刺激し、クリエイティブな行動を促します。また、スピリチュアルな面で前進していくこと、そして有言実行を促進します。スファレライトを使うときは、高まったエネルギーをどのように方向付けるかをしっかりと意識してください。新しく決めたプロジェクトに取りかかる前に、両手と両膝の上にスファレライトを置いた状態で11分間瞑想することもおすすめです。

この石は芸術の分野でも頭脳的な分野でも、新しいものを作り出したいと思っているクリエイティブな人を助けてくれます。まだ知られていない芸術の形やアイディアを見つけるためのインスピレーションを与えるのです。スファレライトを使うときはハイ・マインド、ハイ・ハート、ハイ・フィジカルと膝の目が連携していることが大切です。私たちは自分が作り出すものに責任を持つ必要があります。この石のクリエイティブな衝動がハイ・ボディーと連携したとき、創造の新しい道が刺激され、自分だけのオリジナルな考え方の通路が開くのです。

スタウロライト（十字石） Staurolite

この石は単結晶、双晶、そして複数の結晶からなるクラスター状で産出されます。ここでは二つの結晶が60度に交わっていることで十字架のような形になるもの（双晶）を取り上げます。この石は昔からさまざまな愛称で呼ばれ、その一つに「妖精のクロス」というものがあり、幸運の象徴とされてきました。他には「天使の涙」とも呼ばれ、イエス・キリストの処刑のときに泣いた天使たちの涙が地上に落ちてこの石になったという伝説があります。スタウロライトはかすかに赤を含む豊かな茶色の石で、ほとんどの場合は不透明です。小さな赤いガーネットと共生するものもあり、これを膝の目に使うとパワフルに働きます。

時には人生の方向性に関する重要な決断をしなければなりません。仕事を辞めるか、引越しをするのか、パートナーシップを解消するのか、新しいパートナーシップを作るのか、子供を産むのか、ライフスタイルを大きく変えるのか……。このような状況に対応して意識的な選択をするとき、スタウロライトはあなたの親友になってくれる石です。

二つの別々の結晶が融合することで中心点が作られているスタウロライトの双晶は、明確で意識的な選択をすることを完璧に象徴している幾何学模様です。この石は、状況をさまざまな角度から見て、選択肢を吟味する際にあなたがセンタリングした状態でいることをサポートしてくれます。床に足を投げ出して座り、膝の下にスタウロライトを置いた状態で、それぞれの選択肢の良い点と悪い点を書き出してみましょう。また、意識的にセンタリングした状態を保つために瞑想中に握ったり持ち歩いたりするのもおすすめです。自分が毎日たくさんの選択をしていることに気づくのを助けてくれます。そして、自分が心地よく生きることをサポートする選択肢を選ぶのを助けてくれます。

第7章

足の目

人類の進化の中で最も大きな発達の一つが二足でまっすぐに立つという能力です。古代の人間がなぜ立ち上がろうと思ったのか、という理由については考古学者たちの間で意見が分かれるところです。立つというプロセスは３００万年以上前に始まったと言われ、原始の人間が高い木から下りて、アフリカのサバンナで食料を見つける必要に迫られたから、というのが一般的な説です。

比較的安全な木の上から開けた土地での狩猟採集へと生活を変えたことは革命的な結果をもたらしました。何百万年もの時間をかけて次第に二足歩行になったということは、そのプロセスの中で肉体が変化、進化する必要があったということです。大地の上で動くために後ろ足の力は強くなりました。背骨がまっすぐになるとともに、胴体の重心が腰と脚の上に安定し、胸郭の下と足の上に新しいバランス点が作られました。四足で歩き地面を向く代わりに、次第に前と上へ焦点が向くようになり、世界をより広い視点で見ることができるようになったのです。

まっすぐ立って歩き、走る能力とともに、腕と手も発達し、成熟していきました。指は進化し、全く新しい形で世界を体験するための非常に敏感な触覚の延長になりました。親指と人差し指が向かい合うことで、道具を作り、狩猟採取をして生き残るために手を使うことができるようになりました。二足で歩き、手を使うことで、人間特有の珍しい特徴である革新的な新しい知覚を得ることができたのです。そしてそれが今日私たちが暮らしているこの科学技術の発達した世界につながっています。

また、まっすぐ立って歩くことによってチャクラ(体の霊的な臓器)も発達しました。人間の肉体と頭蓋骨が少しずつ変化する中で、太陽の光がより直接的に頭頂、そして体の前と後に当たるようになったのです。他の四足歩行の動物のように胴体が地面を向く代わりに、人間は神経叢により多くの太陽光を受けるようになったため、結果としてチャクラが創られました。こうやって意識が高まり、他の動物にはない成長が起こり得たのです。

私たちは足を通じて大地に直接触れています。足は生活の中での動きの基盤を作っています。何百万年もの間、人類はこの惑星の上を歩くことで脚を通じて地球との強いつながりを作ってきました。足は大地の微細な言葉を本能的に知っているのです。

最後のハイ・ボディーの名前は「足の目」です。それはハイ・マインド、ハイ・ハート、ハイ・フィジカル、膝の目と調和して働きます。足の目は人間のより高い感覚を地球とつなげ、ハイ・ヒューマンとしての最大限の可能性を生きることを可能にします。足の目が活性化すると、一歩歩くたびに自分が宇宙の創造のユニークで意識的な一部だということを認識することができます。

「足を踏みしめてしっかりと立つ」ことはありますか？　この言葉は一般に、自分が本当に思っていることを言葉にし、自分がすることとしないこと、我慢することが明確になっている状態を意味しています。実際に足で大地を踏みしめることは、文字通り大地を振動させることになるのです。力強く足を下ろすことは、いかにハイ・フィジカル・ボディー（意図と意志の明確さ）が膝の目（自分が選んだ方向性）と足の目（実際の行動）とワークしているかの完璧な例です。足の目の仕事は、はっきりとした意志決定で「足を下ろす」ことができる能力と、それを適切な行動によってフォローすることなのです。

足を通じて感じる

象は何百万年もの間、この地球を平和的に、威厳とともに、そしてとても優雅に歩いてきました。彼らは足の下の大地と素晴らしい関係性を保っています。大地は彼らを守ってくれるのです。有名な話ですが、２００４年12月に津波の大災害がアジアを襲ったとき、タイでは訓練された象が突然興奮して津波が押し寄せる前に高地に避難しました。自分自身と背中に乗っている観光客たちの命を救ったのです。彼らはどうやって津波を知ったのでしょうか？　全て足を通じて知ったのです。

象は重い体重を支えるための特殊な足を持っています。スポンジのように柔らかい足の裏をつま先が半円状に取り囲んでいるのです。柔らかい足の裏がクッションのようになって、象はほとんどの音を消しながら静かに歩くことができます。2トンの体重でも軽々と歩き、ほとんど足跡を残しません。

そして象が巨大な足を踏み鳴らすとき、低周波の音が発生して地球の表面を何キロにもわたって伝わります。足に敏感な神経が存在しているので、象は大地を通じて伝わってくる遠くからの音の振動を感じることができるのです。そして、地震や津波も同じく低周波の音を発生させます。タイの象たちは足にある「地震波受信機」によって地震を感じ、津波が来ることを知って、高いところに向かったのです。

象は低いゴロゴロとした、鼻にかかった根源的な音を出してコミュニケーションします。その音は遠くまで伝わります。この大地の音の周波数は低すぎてほとんどの人間には聞こえません。足を踏み鳴らしたりゴロゴロ音を出したりすることで、パワフルな超低周波音のメッセージが発信され、長い距離を越えて、連れ合いを引き寄せたり、危険を知らせたり、仲間と会話をしたりすることが可能です。まるでお互いにどの象がメッセージを送っているかさえ分かっているように思われています。象たちは足の裏に超感覚的視点を身に付けて進化し、地球の自然の波動を知っています。

象は広大な土地の地図が頭に入っている、という才能を持っています。知能が高く、女家長で、仲間と感情的な結びつきを持ち、家族の絆もとても強い動物です。大地の地下の力を感じることで、干上がった川床に隠れた水の圧力を見つけたり、砂漠の中で水飲み場を探し当てたりすることができます。嬉しいときは長い鼻を振って、人間が理解できない形のテレパシーや集合的な直感を発揮します。象たちは大地に鼓動を感じ、この地球での自分の居場所を見つける方法を私たちに教えてくれるのです。

足の目を活性化する

私たちは子供の頃に歩けるようになって以来、ずっと足を使って動いてきました。足は何度も何度も大地に触れ、どの瞬間も自分がいる場所へと自分自身を連れて来てくれました。足取りが重いときも軽いときも、抱っこされたり這い這いしたりという短い期間を除いて私たちはずっと足を使って動いてきたのです。

足の目が受容的になると、地球から直接エネルギーを受け取ることで自分の道に導かれるようになります。大地に立って自分のいるべき場所を認識すると、大いなる力とバランスがもたらされます。足を通じて地球のスピリットを感じ、大地に直接与え、受け取ることはとても滋養的な体験です。足の目を刺激する石を使うことは、生きていくために必要なものを全て提供しサポートしてくれているこの惑星と親しい関係性を作るための素晴らしい方法です。

足の目を活性化するために一番いい方法は、裸足で大地を歩いて足で感じることです。土、岩、草、砂の上で地球と直接つながりましょう。足の裏に注意を向け、瞑想しましょう。足の目に存在するサイキックな感覚を開き、自分自身のアーススターを感じてみます。そこから地球の中心へイメージの中で意識的に錨を下ろしましょう。足の目を六角柱の内核につなげ、この惑星の生命力の脈動を感じます。地球の中心と足の目をしっかりとつなげていきます。地球を一つの進化し続けている存在ととらえ、自分がその上に立って調和し合って生きていることを感じてみましょう。

多くの文化は足で大地を踏みしめることで生み出した振動を活用してきました。ネイティブ・アメリカンの人たちは雨乞いや狩の成功や戦いでの勝利など、さまざまな意図を持って、大地で聖なるステップを踊ります。そして、大地に直接耳を付けることで向かってくる馬や敵の音を聞くこともできたのです。

アフリカの部族は喜びや悲しみなどの内なる感情をダンスによってコミュニケートしてきました。誕生、思春期、結婚、死など、人生のさまざまな段階をダンスによって表現するのです。また、神聖なるスピリットとつながってセンタリングするために踊ります。アフリカンダンスは太鼓の音にのせた祈りの一種です。ダンスの動きは特定のドラムビートやリズムと密接につながっています。太鼓の振動に対して耳を開き、完全な調和を持って大地で踊ることによって、アフリカの人たちは何千年も意識的な意図で地球にバイブレーションを送ってきました。ネイティブ・アメリカンのように、意味を持って大地を踏みしめ、その振動によってさまざまな効果をもたらしたのです。

地球の振動は足の目へのメッセージです。眠かった目が開いたら、足は大地の中に存在するエネルギーに対してより受容的になることができます。足に意識を集中させることで、より高い周波数のエネルギーが私たちのハイ・ボディーに錨を下ろすことを可能にします。私たちは足を通じて地球とつながっていて、どのような歩き方をしているかによっていろいろなことが分かります。

足取りが重く、いつも踏みつけるように歩いていますか？　抜き足差し足で歩いているため、周りの人にほとんど気づかれないでますか？　必ずどちらかの足から歩き出しますか？　一歩一歩のバランスが取れていますか？　片足にだけ体重をかけていませんか？　他人によく足を踏まれたり、逆に他人の足をよく踏んでしまいますか？　足の目を活性化させるとき、これらのことに気づきを持つことが大切です。

歩くとき、足でバイブレーションを作っています。それはどんな波動ですか？　地球の上を歩くことで幸せに感じていますか？　あなたが踏み出す一歩一歩によって地球にどんなエネルギーをもたらしていますか？　これは、足の目を活性化させるときに気づいている必要がある、最も大切な要素の一つです。毎朝、足に気づきを持ち、足に感謝をすることから始めてみてください。意識的な意図と目的をもって一日じゅう歩くことを選択しましょう。この地球上を歩くなかで、それぞれの一歩をあなたのアースウォークとして考えましょう。足に愛を持って地球を振動させましょう。地球はそれに答えてくれます。

足の目を使って聞き、感じ、見ることを学びましょう。足をマッサージすることで、足の裏にある何千もの神経の末端を刺激してみてください。足の面倒を見ましょう。裸足で踊って、自分の波動を大地に送りましょう。足を通じて別の場所にいる人に思考を送ってみましょう。さまざまな波動を直接大地に発信することで、生きていることを祝福し、喜びを体験してみてください。歩くとき、あなたの一歩一歩が、全体性《ホールネス》、統合、バランスの振動させるようなやり方で、足で地球に触れていることを意識してください。

星の上を歩く

足の目を活性化させるということは、「自己」という感覚を拡大して、それに宇宙全体を招き入れるということです。自己を性別、家族、一族、国、人種にただ同一化することで起こる限界から、自らを自由にする必要があります。それどころか、自分はより大きな全体の一部であり、太陽系、銀河系、そして無限の宇宙の大切な一部であるということを認識することが大切です。

この世界の全ては、私たちを含めて、星屑から作られていることを知っていましたか？　大きな星が死ぬと、通常は超新星爆発を起こします。そしてそこには星雲、つまり重元素が豊富なガス状の残骸が残ります。これが星屑です。私たちの太陽系とその中に存在する全てのものは50億年ほど前に巨大な星が爆発したときに創造されました。その星が断末魔の中でとてつもない量の星屑の雲を吐き出し、それが後にこの太陽系の全てとなったのです。星の本質はエネルギーをリサイクルし、新しいものを創造することです。私たちもまた星から来ていて、星屑で作られています。それが私たちの生命の基盤なのです。内側深いところでは、私たちは星の本質、つまり光を発する本質を理解しているのです。

足の目は、「私たちが創造の全体と密接につながっている」という気づきと、この地球界での現実を統合します。自分も、それ以外の人や物も、全て宇宙のスピリットの一部であることを意識すると、宇宙がずっと継承し続けているものを受け取ることができます。足の目は宇宙の創造の力を感じることができます。星たちのエッセンスの上を歩くことで、私たちの足は、この惑星に存在する光のコードを活性化し、地球上の意識の進化に貢献することができるのです。

「自分はその全ての一部である」という感覚を広げるために、できるだけ自然の中で過ごしてみてください。日の出や日没、上る月や沈む月、夜の空を見てみましょう。太陽、月、惑星、星たちが常に動いていることを意識しましょう。これまでの宗教観によって、自分は宇宙と切り離されていると信じていたとしても、本当は宇宙と密接につながっていることを意識しましょう。星たちの知恵を身にまとい、自分はこの宇宙に存在する貴重な創造物だ、という気づきを持って歩きましょう。星のように、あなたはたくさんの光を発することができるのです。

有言実行

足の目が活性化すると、人間の転生の流れの中で今自分がどこにいて、自分の魂の全体的な進化の中で現生がどのような意味を持つかということを、ハイ・マインドの視点で理解することができるようになります。この意識にアクセスして自分の魂のパターンに気づくと、破壊的な癖を中和したり、過去から自分を自由にしたり、未来の焦点と方向を意識的に調整したりすることが可能になります。

活性化した足の目を持つと、人間の宿命と進化の中での自分の居場所を完全に気づきを持って歩むことができます。足に直感的な視点を持ちながら歩くことで、全ての瞬間に魂レベルの意識とともに踏み出すことができるのです。地球上を軽やかに、でもしっかりと歩きながら、自分の人生において常に前へ、そして上へ進み続ける能力を足の目は根付かせます。魂の存在としての自分が誰であるか、どこから来ているのか、そしてどこへ向かっているのかということを明確に知って……。

大事なのは自分の過去を通りながら、自分が旅してきた多くの異なる道を認識し、受け入れることです。そして現生を意識的に学ぶことで、自分がどこに向かっているのか理解します。今という瞬間を生きながら、足の目をしっかりと開くことで、人類という大きな分野での自分の役割を知って、あなたの魂の目的を満たすことができるのです。

足の目は意識的な転生と関わっています。自分自身のスピリットとともに地球上を歩きながら時間、空間、人類、地球と交流し、勇気を持って一つ一つのステップを踏み出し、何が起こっても自分の道を歩み続けることです。どの瞬間にも意識的な気づきで踏み出すことで、自分の選択と、その選択が自分自身に及ぼすカルマ的な影響に対して、完全に責任を持つ準備が整っています。より高い視点から自らの魂の時刻表を認識すると、人生の学びはより簡単なものになり、学ぶべきことを速やかに発見して、自分の最高の宿命へと歩み出すことが容易になるのです。

今自分が自らの進化のサイクルのどこにいるかが明らかになり、魂としてどこに行きたいかが分かると、足の目はあなたをそこに連れて行ってくれます。自分のスピリットの力をこの物質世界に完全にグラウンディングし、肉体を持った魂であることを完全に受け入れると、宇宙的な気づきを保ったままで地球の本質とつながることを足の目は助けてくれます。

足の目を使えば使うほど、高いレベルのスピリチュアルなエネルギーを吸収しやすくなります。それは、グラウンディングできているからです。足の目に根付いていると、スピリチュアルなエネルギーは強化され、さらに他のハイ・ボディーへと広がっていきます。グラウンディングしていないと、エネルギーは散らばってしまいます。自分の足とヴィジョンがつながらないため、魂の真の道を歩くことが難しくなるでしょう。より高いスピリチュアルな周波数を地球上の物質に取り入れるためのパイプになることで、ハイ・ヒューマンはしっかりと歩き出し、足の目を通じてエネルギーを地球から取り入れ、地球に流すことができるようになるのです。

仏教には白多羅という女性の菩薩(悟りを得た存在)がいます。彼女は慈悲の神である観音菩薩の涙から生まれました。7つの目を持ち、それらは顔にある、見るための2つ、額の中心のサードアイ、そして両手と両足に1つずつあります。白多羅菩薩の目は全ての存在の苦しみを感じて、慈悲深く応えます。慈悲の女神である彼女は「存在の海」を渡っていく全ての魂を守っています。白多羅菩薩のように足の裏にある目をしっかりと開くことで、私たちも慈悲とともに歩き、一歩一歩の歩みとともにヒーリングのエネルギーを発信することが可能になります。足の目によって他人の痛みを理解し、それに巻き込まれることなしに、その痛みを防いだり和らげたりする行動が取れるのです。

足の目に対応する色、位置、そして石

足の目に対応する色は黒と白が独立しているようで、補い合うように混ざり合っています。それはアルファとオメガであり、両極が美しく補い合って混ざり合っています。足の目に使う石は、星の多い新月の夜空のように輝いているものです。そこには全ての可能性が結合していて、光と闇が両方存在し、全体性の虹の広がりが創られています。

石を置く位置は足の裏の中心、土踏まずにです。薄手の綿の靴下をはき、その中に石を入れるとやりやすいです。足の目に働きかけるときは、足の15センチ下にあるアーススターにも石を置くことでグラウンディングを促すことが大切です。

スペキュラーライト（スペキュラー・ヘマタイト、鏡鉄鉱）　Specularite

ヘマタイトの中では装飾的に使われることが多いものです。プリズムのような水晶を含むことで、鏡のような表面に光が反射し、メタリックな色がグレーや黒の背景の中で輝いています。

スペキュラーライトの輝きを通じて、男性的な側面の中に女性的な月のエネルギーがもたらされ、内なる両極のバランスを取り、女性的な側面を育てることがサポートされます。このようにして、スペキュラーライトは女性性の部分にエネルギーを与えることを助けるため、ハイ・ハートにもバランスをもたらします。スペキュラーライトを使うことは、まるで銀色のコードを通じて足の目に下りていき、そこで転生して、強さとバランスを持って地球を歩くという新しい人生へと、意識的に生まれ変わるような状態です。

時には自分の破壊的な癖や行動、そして常に自分を傷つける人に対して「ノー」という必要があります。スペキュラーライトは足の目のエネルギーを高めることで、自分を抑制していたものを手放すための強さをもたらします。ダイナミックな輝きを通じて、スペキュラーライトは自分自身を閉じ込めていた古いパターンの根っこに光をあてます。腹の底からの感覚（ナアウ）がやってきたら、自分の成長をサポートしない状況や人からは立ち去りましょう。自分の破壊的な行動や、自分の高い目的に役立たない環境にさよならを告げるときはぜひスペキュラーライトを持って、軽やかな足取りで歩き出してください。

レインボー・ヘマタイト　Rainbow Hematite

この石もヘマタイトの一種です。今日まで、世界中で1カ所、ブラジルのある鉱山でしか見つかっていません。この珍しい鉱物は玉虫色をしていて、ヘマタイトに存在するたくさんの極小の結晶に光が反射することで輝いています。通常のヘマタイトのように硬い鏡状になる代わりに、レインボー・ヘマタイトは柔らかく、条線のような表面全体にさまざまな色が存在しています。通常のヘマタイトと比べると、まるで物理的な現実がより軽やかに、より柔らかくなって、より美しい表現が可能になったような感じです。レインボー・ヘマタイトはこのように言っています。「自分自身を調整し、ハイ・ボディーを統合すると、人生はこんなに素敵なものになりますよ！」

レインボー・ヘマタイトにはハイ・ボディーの色であるマゼンタや黄緑のほか、珍しい色がたくさん含まれています。一つの色が別の色と混ざり合い統合することで、光と幸せと喜びに満ちた石が作られています。全ての色が存在することで、ヘマタイトの鉄の硬さが軽やかで明るくなり、虹の魔法によって力強くなっています。とても柔らかく壊れやすい石で、湿気の多い環境に長く置かれることで色があせてしまうこともあります。

レインボー・ヘマタイトは肉体、チャクラ、オーラのエネルギーを循環させます。ハイ・ボディーの周波数を微細なエネルギーの回路を通して肉体に根付かせるのです。喜びと軽やかなハートを持って、スピリットを地球の本質にグラウンディングさせることを助けます。レインボー・ヘマタイトは「生きていることは素晴らしい喜びである」というエネルギーを伝達しています。

ネビュラストーン　Nebula stone

メキシコで近年発見された石です。望遠鏡で覗いた夜空に見えるネビュラ(星雲)のような石です。黒に近い濃い緑色の地に、明るい緑のオーブの渦巻きが、暗く光る石基のいたるところにまき散らされています。この石を見ていると、巨大な宇宙空間を想像するのは難しくありません。

ネビュラストーンはアルカリ火山岩で、クォーツの他にアノーソクレス(曹微斜長石)、リーベック閃石、エジリン(錐輝石)(原注・全て稀少な鉱物)で組成されています。明るい緑色のオーブの渦巻きはおびただしい微細なクォーツの先端をその石基に見せています。ネビュラストーンは一度は溶けたガラスのようだったものが時間をかけて温度が下がったことによって、中に存在しているさまざまな鉱物が異なるスピードで冷えて結晶化したものです。宇宙空間でもさまざまな要素がさまざまな速度で冷え固まるのですが、ネビュラストーンはまさにこのプロセスと一致しています。まるで星雲の創造が顕現したような石です。

ネビュラストーンは個人が持つ創造的な本質の、とても深い場所にアクセスすることを助けます。この石の本質には活発な再生のエネルギーが埋め込まれています。蛇は古代の女神のシンボルであり、脱皮することで古いものを取り去ることができる存在ですが、ネビュラストーンもまた、ハイ・ボディーの目的に則していないものを手放す可能性を刺激してくれます。

ネビュラストーンは、あなたが古い皮を脱いで意識的に手放したあとに、純粋な創造の可能性が存在する場所に力強く導いてくれる石です。この根源の創造スペースはまるで星雲のようです。星雲とは、星として生きていたものが一度死に、再び新しい星や太陽系などの新しい生命になるプロセスを経験しているものです。ネビュラストーンは、「終わりが始まりであり、始まりが終わりである」と知ることを助けます。古い在り方を変えようとしている人を助け、人生の大きな転機をよりスムーズに通過していくことを促します。

エレスチャル　Elestial

エレスチャルはマスタークリスタルであり、自分自身をマスターする方法を学ぶことを助けてくれます。特殊なクォーツであり、天使的な存在に影響された純粋な物質です。エレスチャルは自然元素とつながっています。ふつうエレスチャルはスモーキークォーツであり、その焦げたような色合いが火を象徴しています。水の近くで形成され、土の中から生まれ、風《ふう》は天使界とのエーテル的なつながりです。

エレスチャルは自然の先端がクリスタルの上にあり、壊れたり、くすんだ面はありません。そして、しるしのようなエッチングや層を持っています。その先端はあることも、ないこともあります。エレスチャルの内側を覗くと、内なる次元の深い層を見ることができます。内側の世界を見つめることで、エレスチャルはあなたが自らのスピリチュアルな核へと深く入っていくことを助けます。エレスチャルとワークしていると、水が流れる感覚があったり、動きや流れ、そして進歩の感覚を得ることがあります。

エレスチャルはエネルギーを力強く動かす石であり、ものごとの骨格の核となるリアリティや絶対的な真実へと私たちを導いてくれます。足の目を開いて歩くことを学ぶとき、私たちが自分自身の真実を明確にしておくことが大切です。もしも自分や他人、そして世界全体に対して古い視点で見ているのならば、そのことを認識して変えていく必要があるでしょう。

エレスチャルのスモーキーな特徴はカルマ的なパターンを焼き尽くす天上の炎を象徴しています。強い天使的な存在がエレスチャルにパワーを与えているため、この石はスピリチュアルな浄化を促進することができます。足の目を開いて、強くバランスの取れた状態で歩くために、個人的な浄化が必要である人にとって、エレスチャルは最適な石でしょう。

エレスチャルは土の元素とも関わっているため、地球上を歩くことを助ける石でもあります。足の目を開くために助けが必要であれば、エレスチャルとともに瞑想してみてください。脚を大きく開き、膝を曲げた状態で座り、両足の裏にエレスチャルを1つずつそっと置きます。別のエレスチャルを手に取り、その石の奥深くを見つめてください。ハイ・マインドを使って呼吸を常に意識しながら、クリスタルの内なる層を見つめ続けます。そして、見つめながら、エレスチャルのエネルギーが自分の足深くに突き通って伝わっていくのを許します。そして、自分の内なる深さを発見するに従って、一歩一歩に対してより意識的になることを意図しましょう。

この瞑想は15分間行い、毎日続けると、自分の個人的な真実を認識することであなたが意識的に正しく歩き出すことがサポートされます。

オブシディアン　Obsidian

シルバー／ゴールド・オブシディアン　Silver/Gold Sheen Obsidian

オブシディアンは火山ガラスであり、多くの色を持ちますが、一番一般的なものは黒です。火山が噴火し、溶岩が地球の表面に上昇することによってできる石です。溶岩が水に触れると、急速に冷却することでオブシディアンになります。オブシディアンはクォーツと同じ二酸化珪素という化合物で組成されています。

純度の高いオブシディアンは通常真っ黒です。しかし、時には溶岩が冷える前に流れていて形成されたガスの泡が層になって模様を作ることがあります。その気泡がブラック・オブシディアンに金色や銀色の輝き《シーン》、そして虹の光を与えます。足の目にはこれらの石――純粋な黒に光や色が全体的に注入されたもの――を使ってください。

シルバーとゴールド・オブシディアンはハイ・ハートの男性性と女性性の面にも働きかけます。シルバーは女性性を、ゴールドは男性性を表しているのです。自分の内なる男性性や女性性が力を失っていると感じるとき、ぜひこれらの石を使ってみてください。男性性の側面に力を与える必要があるのなら、ゴールド・オブシディアンを、女性性にはシルバー・オブシディアンを使ってください。自分が歩くとき、常に片足だけに重心が偏っていると感じている人は、ハイ・ハートの男性性／女性性の面にアンバランスが生じているのかもしれません。一般的には、右脚のエネルギーが強すぎるときには男性性優位になっており、左脚が強すぎるときは女性性優位を表します。

男性性の面が強すぎるときも、シルバー・オブシディアンをつかってみましょう。そして、女性性が主張しすぎているときにはゴールデン・オブシディアンです。この実践法には同じ種類の石が3つ必要です。

薄手の綿の靴下の中に石を入れ、それが足の裏の真ん中あたりにくるようにして仰向けになります。3つ目の石はハイ・ハート・ポイントに置いてください。深い呼吸に集中しながら、ハイ・ハート・メディテーションをします。自分の内なる男性性に、受容的な女性性と心を通わすように意識的にお願いします。その後、内なる女性性に、開放的な男性性に話しかけるように頼みましょう。二人の会話のテーマは「この地球上でバランスを保って歩くためには私たちはどうしたらいいか?」です。内なる会話に注意深く耳を傾けましょう。それぞれの側面が言っていることを聞いてください。最後に、両方の側面をハイ・ハートで結び合わせ、それぞれが自分自身の重みを自分で支えながら、足の目でも完璧にバランスが取れているとイメージしましょう。もしも今あるバランスを保つことが目的であれば、左足にシルバー・オブシディアン、右足にゴールド・オブシディアン、そしてハイ・ハート・ポイントには両方の石を置くのが良いでしょう。

レインボー・オブシディアン Rainbow Obsidian

レインボー・オブシディアンは黒の地に紫、グレー、緑、ゴールドなど、豊かで深みのある色を表しています。溶岩が液体によって冷却されるときに作られたこの石は、地球の内側の炎とともに、冷たい水の本質についても知っています。これらの陰と陽の質を持つことで、レインボー・オブシディアンは私たちがバランスを取りながら歩くことを助けてくれます。そして虹の色は、攻撃的に歩いたり落ち込みながら歩いたりする代わりに、他にもいろいろな道があるということを教えてくれます。

レインボー・オブシディアンを足の目に置くと、傷つきやすい感情が攻撃的な態度や行動で抑えつけられたときに起こる、内なる怒りの炎を冷ますことが可能です。例えば、戦争から戻ってきた兵士におすすめです。彼らは殺すことをプログラミングされ、任務を果たすためにハートの思いやりを忘れなければならなかったからです。レインボー・オブシディアンは厳しい道を旅してきたために暗くなってしまった場所に、光と平和を見つけることを助けます。過去の記憶を意識的に再訪問し、それを中和させるときに、恐れを持たずに歩むことを助けます。まるで守護天使のように、暗闇の中にも自らの意識の光を照らすことを可能にするのです。

あなたがトラウマの後のストレスで具合が悪いとき、石が平らなら、靴下や靴の中に入れることができます。レインボー・オブシディアンはストレスいっぱいの状況でも、あなたが安らげるように助けます。黒の中に美しい様々な色を統合することで、レインボー・オブシディアンは過去の痛みから明るい未来へと導く道はいつもあることを見せてくれます。

スモーキー・ルチルクォーツ　Rutilated Smoky Quartz

スモーキー・クォーツとルチルクォーツという二つの鉱物が組み合わさった石です。クォーツは二酸化珪素であり、ルチルは二酸化チタンです。これらの二種は一つの石として形成することがあり、透明感のあるスモーキー・クォーツの中にルチルの包有物が完全に取り込まれています。まず、ルチルの細長い針状の結晶が形成され、その後スモーキークォーツに完全に包まれるのです。

ルチルの針が入っているスモーキー・クォーツの中は、まるで黄金の繊維で満たされているようです。太陽光にかざすと、一つ一つの針がキラキラ輝きます。スモーキー・ルチルクォーツは一つの世界の中に別の世界が存在する様子を見せてくれ、それぞれの世界はユニークで完璧です。スモーキー・クォーツの中の赤や金色の光は、責任感と共に歩み、人生が目の前に用意してくれたチャレンジを受け入れることを足の目に促します。ルチル入りのスモーキー・クォーツは日常に起こるさまざまなことに自分の光をもたらす方法を足の目が学ぶことを助けます。ルチルの針が存在しているとき、光はともされ、難しい状況が新しくクリエイティブな方法で解決できるようになります。意識的な「私」を足にもたらすことで、この石のコンビネーションはあなたの道を明るくするための光を生み出します。

ルチル入りスモーキー・クォーツは足の目を活性化します。スモーキー・クォーツはベースチャクラに光をもたらし、地球を歩き、肉体にいることに対する誇りを活性化します。そこにルチルが入ると、スモーキー・クォーツのエネルギーが増幅され、更に明るく輝くのです。

スモーキー・ルチルクォーツを足の目に直接置いてみてください。日常生活を送りながら、靴下の中に入れたり、テープで足に貼ってみるのもいいかもしれません。ルチル入りスモーキー・クォーツはモチベーション、やる気、創造性、そして前向きな行動を促します。私たちがこの地球で行動することを通じて、軽やかなハートと喜びを地球に伝授します。闇の中にも光を招き入れるスモーキー・ルチルクォーツは、明るく光ることで私たちの一歩一歩を「可能性」によって活性化してくれる石なのです。

ラブラドライト　Labradorite

サンストーン、アマゾナイト、ムーンストーンなどと同じ長石の一種です。フィンランドで発掘されるラブラドライトはスペクトロライトと呼ばれ、見つけられた実例の中でも最も上質なものの一つです。ラブラドライトは暗いグレーから黒っぽい石で、そこに見事なメタリックな幻想的な色合いの緑、青、金、マゼンタなどが入って、素晴らしい色の遊びを見ることができます。

ラブラドライトが成長する過程の中で、地中の動きがこの石の方向性を変えたことで、表面に条線状の面がいくつも見られます。この変化こそが、石の中の輝く光を作り出しているのです。ラブラドライトは、たとえ自分ではコントロールできない変化が訪れたとしても、成長を続けるためにはどうしたらいいかということを生まれながらに知っています。そのため、この石はそのことを私たちに教えることができるのです。幻想的な色の筋の変化は私たちが視点を変え、私たちが行こうとしている方向を変えることを助けます。ラブラドライトはあなたが歩いてきた道で、このような人生を変えるシフトを助けます。

ラブラドライトが持つ超越的な変化し続ける本質は、私たちが人生の良い部分に気づき、より深い感謝を感じることを助けてくれます。これまで歩んできた古い道からシフトし、人生の大きなレッスンである「全ては常に変化し続けている」ということを学ぶことを助けます。変化とは生命の本質です。変化がなければ生命は存在せず、もちろんラブラドライトも存在しません。

この石は個人的な選択の深いレベルで視点を変えることを助け、人生の旅を良い形で変化させる可能性をもたらします。ラブラドライトはあなたの人生を最高の形で解釈し、最善の方向性を選ぶことを促します。この石を足の目に置くことで、そのエネルギーを足の目で直接受け取ることができます。汚染された環境で自分自身を保護したいときには靴下に入れておくと良い石です。汚染の原因は、感情を投げ付けあうことや狂信的な思想、はたまた物理的な汚染、とさまざまですが、いずれにしても周りの世界が暗く感じるときでも、ラブラドライトはあなたがハイ・ボディーのアイデンティティーを保つことを助けてくれます。

ホークス・アイ　Hawks Eye

クォーツの一種で、黒を地にしてブルーグレーや青緑、金色などが見られます。太陽の下で見ると、艶やかな色の変化が楽しめる面白い石です。

ホークス・アイを足の目に使うと、難しい問題や状況に関する明確なガイダンスを得ることがサポートされます。ホークス・アイを足の裏に置いたり、身に付けたり、この石と瞑想すると、ホークス・アイは肉体の病気に対して平和と癒しをもたらす助けをします。病気やネガティブなプログラミングに向き合うとき、平和な癒しの光を体の中に招き入れるのです。

この石は「鷹の目」という名前を持ち、現実で自分が言っていることを実践しながらも、高いところから広い視野で見ているように状況をとらえる能力を象徴しています。鷹は昔から神のメッセンジャーとして崇敬されてきました。ホークス・アイは高いレベルからのメッセージを発信し、日常の中により大きな洞察の光をもたらします。鷹の視点を足にもたらしてくれるこの石は、あなたが拡大した洞察やより深い理解を持つことで、あなたのゴールをより具現化することができるよう助けます。ホークス・アイのモットーは「高い視点を持って歩く」ということです。

ハイ・ボディー・レイアウト

ハイ・ボディー・レイアウトはそれぞれのハイ・ボディーと同調し、文字通りそれらに命を吹き込むために作られたレイアウトです。ハイ・マインド的な集中力を18分間保ち、それぞれのハイ・ボディーの色の周波数を呼吸します。このレイアウトを練習すればするほど、ハイ・ボディーに強く自己同一化することができ、それらのエネルギーを活性化させ、あなたの人間としてのエネルギーシステムの中に統合していくことが可能になります。

多くのレイアウトと同じように、石を置き、3分ごとに時間を計り、イメージの誘導をし、スペースを保ち、深い呼吸ができているかどうかを確認してくれるパートナーが必要です。この特定のレイアウトでは、パートナーは相手に色の呼吸を誘導しながら、自分自身も同じ色をイメージしながら呼吸することで、ハイ・ボディーの活性化をさらに促していきます。

このレイアウトのためには次の石が必要です。ヘマタイトのタンブル17個、ハイ・マインドの石1個、ハイ・ハート女性性の石1個、ハイ・ハート男性性の石1個、ハイ・フィジカルの石1個、膝の目の石で同じ種類のものを2個、足の目の石で同じ種類のものを2個。それぞれの石は特定の効果を持っているので、それに応じて選んでください。毎回違う石でもかまいませんが、もしもこのレイアウトを頻繁に行うのでもあれば、少なくとも2週間は同じ石を使うことでそれぞれの影響を感じてみることをお勧めします。また、足の目に置く石を保つための薄手で天然素材の靴下を用意してください。

受け手が仰向けになった状態で、ヘマタイトシールド(訳注・第8章を参照)と同じような形でヘマタイトをオーラの中に置きます。体からは15センチ以上離して、以下の位置に左右1つずつ置いていきます。目の位置、肩の位置、太陽神経叢の位置、腰の位置、膝の位置、足首の位置。更にヘマタイトをアーススター、ソウルスター、膝の間、そして両手に置きます。

マゼンタ色の石をハイ・マインド・ポイントに置き、深く呼吸をします。吸う息とともにマゼンタ色が脳の深い部分に入っていくのをイメージし、吐く息とともにそれがあなたの周りに広がっていくのをイメージしてください。この呼吸を3分間続けます。

次に、ハイ・ハート・ポイントの両側に石を置きます。セレスチャルブルーの石は左側、ファイアーオレンジの石は右側です。ハイ・マインド的な集中力を保ちつつ、息を吸うときに二つの色がハイ・ハートの部分に入り、吐くときにはそれらが外側へと広がっていくのをイメージしながら3分間深い呼吸を続けます。

更に、黄緑色の石をハイ・フィジカル・ポイントに置いてください。吸う息とともに黄緑色がナアウ・ポイントに入っていき、吐く息とともにオーラへと広がる様子を思い描きます。この呼吸もまた3分間行います。

膝の目も同じです。石をそれぞれの膝の下に入れて、深い赤茶色が膝へと入っていくのをイメージしながら息を吸い、オーラへと広がっていくのをイメージしながら息を吐きます。ハイ・マインド的な集中力を3分間保ちます。

用意した天然素材の靴下の中に足の目の石を入れ、それが足裏の真ん中に来るようにします。同じように3分間呼吸をし、宇宙のエネルギーを吸う息とともに足に取り入れ、吐く息とともに自分の周りに広げていきます。

最後の3分間は集中力をゆるめて、全ての石を置いたままの状態でただ深い呼吸を続けます。ハイ・ボディーのエネルギーが自分の存在の中に統合するための時間を過ごしましょう。その後石をはずすときにはまずハイ・ボディーの石を取り除き、その後にヘマタイトを取ります。受け手の人がしっかりとグラウンディングし、安定した状態になってから帰ってもらいましょう。石の浄化を忘れずに。

このハイ・ボディー・レイアウトはシンプルですが、最初は色をイメージしたり集中力を保ったりするのが難しく感じられるかもしれません。しかし、一度ハイ・ボディーの色を心で見て、ハートと魂で感じると、それが与えてくれる美しい高揚感は常にあなたとともにいて、あなたの魂の光へと編みこまれていきます。その光をともし、保ち、周りへと広げ、自然に、そして意識的に自らを進化させていきましょう。

ハイ・ボディー・レイアウト

このレイアウトはモニターと共に行う。モニターは石を置き、スペースを保ち、時間を計り、受け手が常に深い呼吸をしていることを確かめる。モニターは色の呼吸を誘導しながら、自分自身も同じ色を呼吸し、イメージすることで活性化を促進する。

目的：
ハイ・ボディーを活性化し、人間のエネルギー・システム全体に統合する。

必要なもの：
ヘマタイトのタンブル 17 個。下記のポイントに使いたい石を1個ずつ。ハイ・マインド、ハイ・ハート男性性・ハイ・ハート女性性、ハイ・フィジカル。膝の目に使いたい石、同種類を 2 個。足の目に使いたい同種類の石を 2 個。薄手で天然素材の靴下。

やり方：

- ヘマタイトをオーラの中に、体から 15 センチ以上離して置く。以下の位置に左右 1 つずつ。目の位置、肩の位置、太陽神経叢の位置、腰の位置、膝の位置、足首の位置。更にアーススター、ソウルスター、膝の間、両手にも置く。
- マゼンタ色の石をハイ・マインド・ポイントに置いて 3 分間呼吸をする。意識的に息を吸って吐き、マゼンタ色がハイ・マインド・ポイントに出入りするのをイメージする。
- セレスチャルブルーの石をハイ・ハート・ポイントの左側に、ファイアーオレンジの石を右側に置く。3 分間深い呼吸をして、吸う息と共に両方の色が入ってきて、吐く息とともに外側に広がるのをイメージする。
  ハイ・フィジカルの石をナアウ・ポイントに置き、3 分間の深い呼吸とともに黄緑色をイメージし、吸うときにはお腹の深いところに入れ、吐くときに外に広げる。
- 膝の目の石を膝の裏側に置く。3 分間深く呼吸をし、鮮やかな赤土色を膝の中に吸い込み、外に吐き出す。

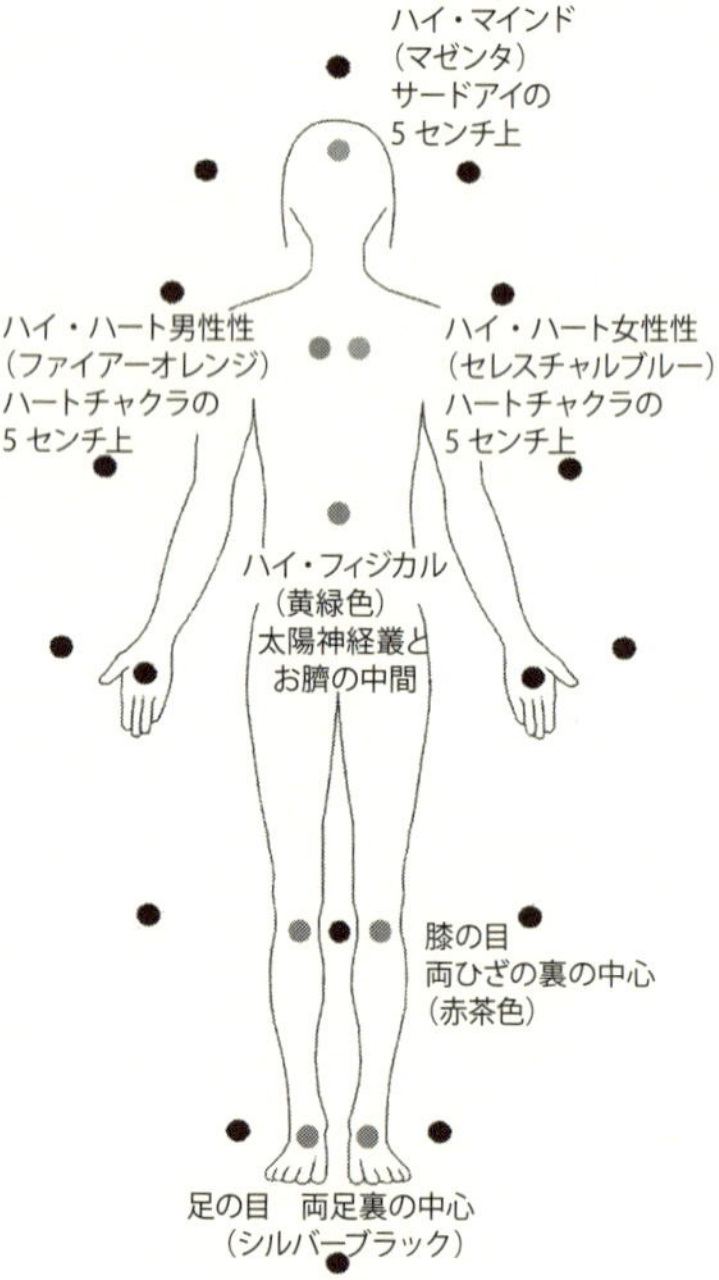

- 天然素材の靴下の中に足の目の石が足の裏の中心に来るように入れる。3 分間呼吸をしながら、石のエネルギーと色を足の裏に吸い込み、吐き出す。
- 最後の 3 分間はただ呼吸をし、それぞれの石を置いたままの状態でハイ・ボディーのエネルギーを統合する。石を取るときは置いたときと逆の順番にはずしていく。終了後は受け手がグラウンディングしていることを確かめる。石を浄化する。

第８章

イルミネーション

イルミネーションとは「暗闇に光をもたらすこと」です。地球上の生命は太陽という純粋な星の光によって照らされています。この光はこれまで毎日昇って沈むことを繰り返しているのでこれからも変わらないように思えますが、実際は美しい太陽が燃え尽きてしまう日がいつかやってくるのです。これこそが宇宙の自然な生き方です。生まれて、生きて、死んで、生まれ変わる。そのようにして創造のサイクルは続いていきます。

巨大な星が水素を使い果たすと、冷えて自らの重みで縮小します。まず内側に崩れ、その後、外側に大爆発することで超新星となります。これこそ、宇宙の中に存在するイルミネーションの素晴らしい例です。超新星が発する光は、望遠鏡で覗くと夜空に輝く最も明るい光の一つです。

超新星は星の一生の終わりを表しています。死のプロセスの中で、星は新しい元素やガスを放出し、それらがまた新しい星や太陽系、そしてさまざまに異なる生命を無限に生み出していきます。途方もなく広大な星雲は何十億トンもの「星の物質」を含み、それらはリサイクルされ続けながら新しいものを作り出しています。星の命は何十億年も続き、宇宙の本質である「自己再生」の力を見せてくれています。

ハイ・ヒューマン

ハイ・ヒューマンは、このような大きな時間のサイクルと同一化し、この本質は超時間的なため、現世という本もいつか最後のページにたどり着くことを知っています。ハイ・ヒューマンは、いずれこの肉体に住むことが有用でなくなり、置いていかなければならないことを理解しています。同時に、この命の終わりは新しいサイクルの始まりであり、魂だけの状態になっても自分と同じ周波数のものを見つけて新たに生きていくということも知っています。

死という重要な瞬間に、宇宙の光と自分とは一つであると認識し、断言した魂は、より高い進化のサイクルの候補者となります。それぞれの魂はその瞬間に自分の進化のために必要なことを選びます。もしもハイ・ボディーが活性化していれば、生から死への移行はより光り輝く質のものとなります。

色とりどりの光の体を意識的に作っておくと、魂はすでに宇宙の光に同一化しているため、より溶け合いやすくなるのです。古いものは再び新しいものとなり、さらに新しいものはやがて古くなるということを知っていると、死と向き合いやすくなります。星もいずれ死ぬように、生命のサイクルは続いていて、「宇宙のエッセンス」という同じものから再び新しい命が創られる、ということが理解できるようになります。

人間は個人の生よりもっと大きな時間のサイクルと密接につながっている、ということをハイ・ヒューマンは理解しています。私たちは大いなる全体の一部であり、自分の本質や時間のサイクルについて理解するために自分の視野やアイデンティティーを広げる必要があるでしょう。私たちのありふれた宇宙の家系図に爆発した星を持ち、究極的にはみんなが同じものから作られているのです。

地球は約50億年前に形成され、最初は星屑やガスだったものが次第に固まって、さまざまな元素が溶けあった球体となりました。その後ゆっくりと表面が冷え、地殻になりました。この鉱物の基部から、生命が地球で進化し、数え切れないほどの歳月に何百万種もの生物の源泉となったのです。

今人間として地球上に生きている私たちにとって、地球はそれ自身が独立した存在であり、自らの生命のサイクルにしたがって成長し、進化しながら生きていることを認識することが大切です。地球の子宮は、今まで存在してきた全ての生物に必要なものを与えてきました。このようなとらえ方は難しいと感じるかもしれませんが、進化する惑星や星や銀河などの大きなサイクルと自分が同一化できていることを認識できるとそれは可能です。地球にとっては純粋な星の光である太陽がソウルスターです。私たちはハイ・ボディーを通じて人間の意識を光り輝く宇宙全体に結びつけることができるのです。

特定の条件がそろうと、異なる鉱物が組み合わさって、幾何学的な図形へと結晶化します。このプロセスの中で結晶は内部に対称性を持ち、原子の調和を表します。このような幾何学的なパターンが規則正しく繰り返され、最終的にクリスタルとして具現化されるのです。クリスタルはそれぞれのパーツが内側で統一していることを外側の形として見せてくれています。クリスタルの完璧な幾何学は、宇宙にはもともと秩序があり、星の誕生や死も、物質の形成や結晶化も、全てこの秩序にのっとっているることを証明しているのです。

地球はいつもあなたの下に存在し、一歩一歩を支えてくれているということに気づいていましょう。母なる自然や星の光のエッセンスから自分を切り離さないようにしてみてください。見事なデザインと秩序を持つ大いなる進化のプランが存在しています。そこには偶然や行き当たりばったりな部分はどこにもなく、創造の素晴らしいマスタープランがあるのみです。そして、あなたもその一部なのです。

仏教にもイルミネーションの概念があり、「光明を得た人」が存在します。5世紀のインドにはゴータマ・シッダルタという王子がいて、彼は自分の意志と集中的な努力によって完全に目覚めた人間、または「仏陀」となりました。全ての思考と感情の曇りから自分を自由にしたとき、彼はニルヴァーナ(全ての執着からの解放)を体験し、内なる光によって輝きました。

絵画の中で、仏陀は肉体から輝くオーラを放った状態で描かれています。イエス・キリストや多くのキリスト教の聖人もソウルスターが輝いている状態、つまり頭の上に光輪が光った状態で描かれます。仏陀は、人間が自らを輝かせ、自分の光を外側へ放つ可能性を表しています。ハイ・ヒューマンとして、私たちもまたハイ・ボディーを形成することで内なる光を輝かせる可能性を持っているのです。

アセンション

今日、スピリチュアルな探求者たちはアセンションという観念についてさまざまなことを言っていますが、アセンションとは本当はどのような意味なのでしょうか？　キリスト教では「アセンション」という言葉はイエス・キリストが自らの肉体を復活させ、天に昇ったスピリチュアルな能力のことを言います。しかし、この概念はイエスが生まれる遥か前の古代の宗教において、神々が復活を遂げた伝説からきているのです。復活の最初の記録は紀元前３０００年の古代エジプトにおいて、地下世界の神であるオシリスが太陽神ホルスとして復活したことを示しています。その後も紀元前１２００年にペルシアのミトラ、紀元前９００年にインドのクリシュナ、紀元前５００年にギリシャのディオニソスなど、様々な人物がアセンションをしたとされています。アセンションの概念は古代の信仰ですが、私は現実に基づいたものだと考えています。

そしてこの新しいミレニアムにおいて、全ての人間がアセンションをすることができると言われています。しかし、それはどのようにして達成できるのでしょうか？　私自身は、人間が自分自身を内側からの光によって満たし、肉体に存在する全ての原子を高い周波数で振動させることができて、初めてアセンションが可能になると考えています。ハイ・ボディーの色の周波数で意識的に振動することを学ぶことで、原子と原子の間にある空間を自ら作り出した光で満たすことができるのです。

ただし、私の理解では、アセンションとは必ずしもより高い世界や次元に上昇するということではありません。むしろ、今ここに存在し、自分自身と自分の周りの世界を光で満たすことなのです。いずれ肉体を去る日が来るのです。だから今はこの場所にいて、天国を地球にもたらすことに全ての注意を集中させましょう。まるで、クリスタルたちがやっているように。肉体の外にある高次元を探すことに、なぜエネルギーを無駄に費やすのですか？　その代わりに、自分の内側の物理的な環境を創り出し、その中で多次元的な体験が起こり、第六感や活性化されたハイ・ボディーや、自らの究極のエッセンスが自分自身の人生を導くことを可能にするのです。

宇宙のマトリックス（母体）

全ての時間と空間に存在する全ての物質とエネルギーを合計したものは、一つの生きるエッセンスであり、それは創造と全次元の現実を満たします。この根源的《プライマル》な物質は宇宙の母体を作っていて、究極的には物理的なものと超物理的なもの全てを含んでいます。踊り、振動しているエネルギーの糸が、この宇宙じゅうに存在する全てのものを結び付けているのです。私たちが「不可解だ」ととらえているもののなかには、深遠で、畏怖の念を起こさせるパワーが存在しています。しかし、私たちは自分の生に秩序とコントロールを保つために通常はこのようなとてつもない広大さについては意識からブロックしようとしています。

この根源的な宇宙の物質は全てのものの間に存在する境界線に浸透する純粋な意識の目に見えない場《フィールド》です。全ての創造において命の力とともに振動しています。これこそが「ひとつであるもの」、源泉であり、誰もが究極的には還っていく真に永遠の存在です。

宇宙の母体とそれぞれの人は共に引き合っていますが、宇宙の母体は私たちの思考や意図によって影響を受けています。もし私たちがセンタリングして、自分の意識とこれらの宇宙のエネルギーの糸とを故意に連携させると、色とりどりの光の美しい体を作ることができます。実は、ハイ・ボディーを作るためには、この偏在する意識の海と直接的な関係性を発達させることにかかっているのです。宇宙の母体の糸を意識的に引き寄せると、自分の内側で光を創造することができるようになります。

これには重大な責任が伴います。ハイ・ボディーを編むとき、自らの糸を自分で結ばなくてはならなく、自分の言葉や行いに責任を持つ必要があります。私たちがよりたくさんの宇宙のエネルギーが流れるパイプになるにつれて、ハイ・マインドはしっかり私たちの思考をモニターする必要があります。

ハイ・ヒューマンに成長するにつれて、私たちはより多くの宇宙の糸をハイ・ボディーに取り入れ、それが今度は自分の視点を変えていきます。ハイ・ボディーが活性化した状態で生きられる人たちは、現在の地球の物質界の現実が変化することを助けます。単に自分の人格やエゴだけにエネルギーを注ぐのではなく、光に満ちた存在としての自分自身と同一化することにエネルギーを使う時なのです。

光の衣《ローブ》

これから光の衣に関する情報をお伝えしますが、正直に言って13年以上この情報とワークしている私にとっても、まだ完全に理解できていなく、未だ理解しようと努めています。自分自身の光の衣を完全に統合し、詳細を説明できるようになるためには、一生かかるかもしれません。しかし、完全に理解できるまで待つよりは、今みなさんにこの情報を提供することを私は選びます。もしもより多くの人がこのハイ・ボディーの情報を実践し始めたら、読者の方一人一人がより明確に理解できるようになるかもしれない、と願っています。

ハイ・ボディーの色の共鳴はオーラが拡大することを促します。宇宙のエネルギーの糸がたくさん集まることによってハイ・ボディーが形成されるにしたがって、私たちのオーラはこれまでにないほど周りに広がっていきます。人間の電磁場は私たちが住み続ける環境になり、肉体は光の繭《まゆ》につつまれ、宇宙の源泉に育まれ、自らのイルミネーションに守られているのです。

それぞれのハイ・ボディーは独自の周波数を創るため、オーラの中に幾重にも層が作られ、浸透し合い、互いに取り巻いています。それぞれのハイ・ボディーはその取り巻いているボディーに比べて、より洗練された宇宙の母体の糸によって形成され、より高い周波数を持っています。これらの異なるレベルは異なる視点から見た現実と関わっています。

例えば、膝の目とワークすることは、物理的な行動や明確な方向性と関わっているため、このオーラのエネルギーはより肉体に近く、より個人的です。ハイ・マインドのマゼンタ色を活性化すると、オーラは更に外側に広がり、より微細で洗練された層になります。エゴからすると個人を超えた状態であり、宇宙の源泉とスピリチュアルなレベルで深くつながっています。

オーラの外側のエネルギー繊維は、ボディーに近いものに比べるとより密度が低いです。いずれにしても、ハイ・ボディーに更に多くの宇宙の糸が統合されるにつれて、ハイ・ヒューマンとして魂を宿すための住みかが創られます。あなたの内なる光が生み出され、自らのエネルギー場に光を放つにつれ、もっと集中し、自己《セルフ》の感覚を宇宙全体に広げていきます。

ハイ・ボディーは頭上のソウルスターと足下のアーススターを通じてチャクラシステムとつながっています。これら2つの超個人的なチャクラは、肉体により多くの光を保つことができるようにするため、ハイ・ボディーを創ったり、高次元の現実を体験したりすることを可能にします。ハイ・ボディーがあなたの肉体と統合するにつれて、より洗練された宇宙の糸が拡大し続けるあなたのオーラに集まるので、あなたはグラウンディングして地球の中心のクリスタルに錨を下ろすことができるようになるのです。

私たちが自らのスピリチュアルな本質を統合すると、大規模なヒーリングの場を作り出し、日常の中で活用していくことができます。ハイ・ボディーが活性化し統合されるにつれて、この新しいスピリチュアルな回路が作られ、肉体はより高い周波数で振動し始めます。今、この瞬間にこそ、自らの最高の宿命に即して生きる可能性が存在しているのです。

オーラの中に宇宙の糸で複雑な織物を意図して編むにつれて、私たちは複雑に編み込まれた、色とりどりの体を創ります。それらは意識的な意図を通じて、お互いの魂に結びついていています。それぞれのハイ・ボディーはエネルギー的にお互いに反応し合い、共生関係を持っていて、肉体とともに全体としてワークします。ハイ・ボディーの色は私たちを取り囲む光の衣となり、それは私たちが今ここにとどまり、意識的な選択をし、バランスを保ち続け、ハイ・マインド、ハイ・ハート、ハイ・フィジカル、膝の目、足の目の状態で生きることを助けます。

ハイ・ボディーの配色には合計で6つの赤い光線があります。ハイ・マインドに2つ、ハイ・ハートに2つ、膝の目に2つです。赤い色は、物理次元で具現化されるスピリチュアルなパワーの度合いを倍増します。だからこそ、この赤のエネルギーを自分でコントロールし、ポジティブな目的のために意識的に使うことが絶対に大切です。濁った赤のエネルギーである「怒り」という感情の状態は、ポジティブな行動へと意識的に向け直す必要があります。濁った赤のエネルギーが浄化されないと、自分にとっても、その人の周りの人や物にとっても、非常に破壊的になりうるのです。「熱い」感情をポジティブな形で解放しないと、それらは体内に沈んで恨みや敵意となることもあります。そこには破壊的な赤のエネルギーが潜んでいるのです。

ハイ・ボディー・ポイントと
拡大したオーラ

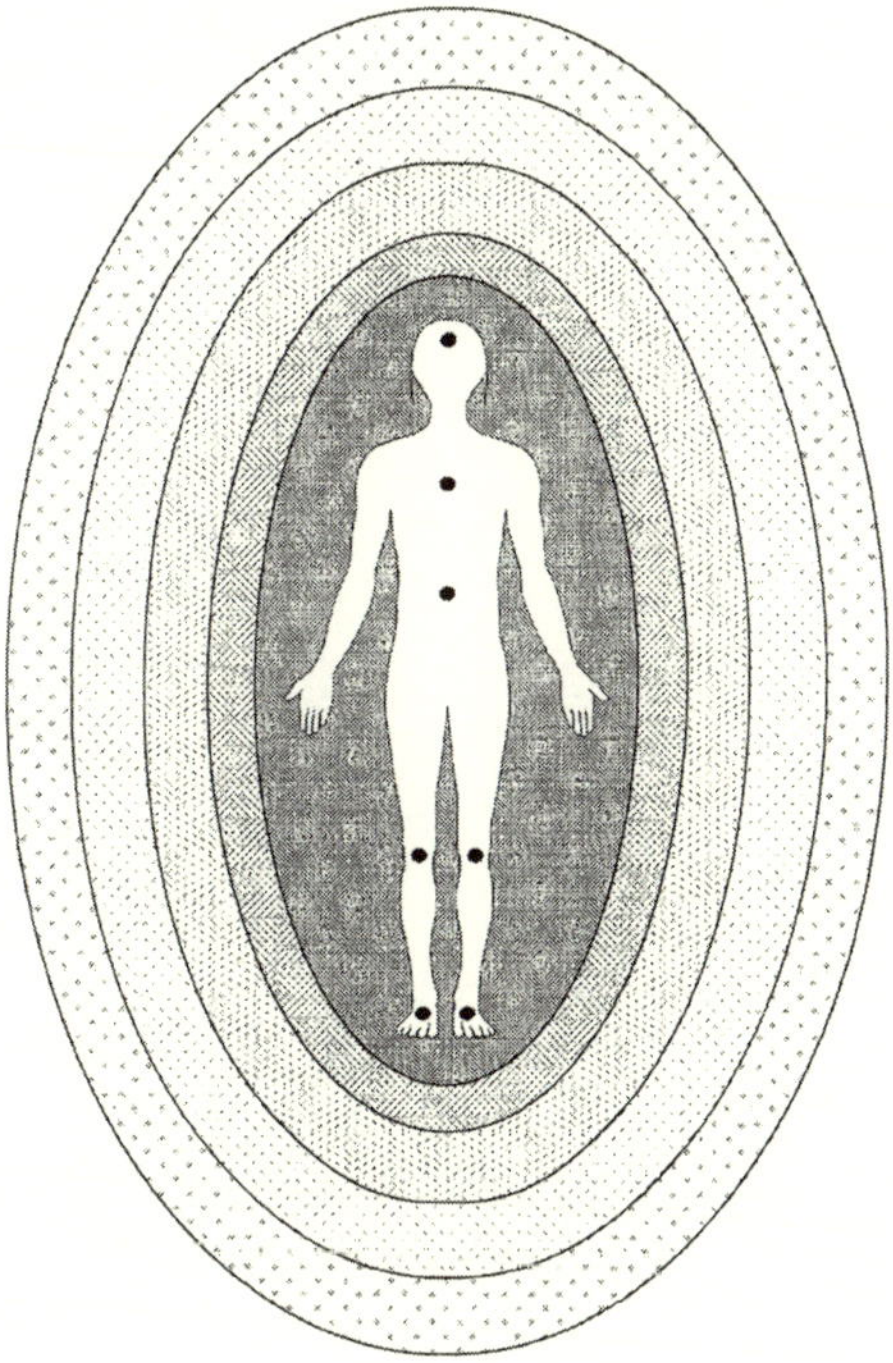

ヘマタイトシールド・レイアウト

クリスタル三部作の三巻である『クリスタリン・トランスミッション』では、アーススター・チャクラを活性化する主要なパワーストーンとしてヘマタイトを使用しています。ヘマタイトは酸化鉄であり、鉄が水に触れて酸化するときに形成されます。ヘマタイトは見事な銀色の輝きを反射し、古代には鏡として使われていました。アーススターに置くと、この石は、光のエネルギーを肉体に根付かせます。この本でもまた、ヘマタイトについて触れていきます。

この反射効果の高い石は、あなたがグラウンディングし、自分の内なる力を得ることを助けます。同時に、個人の境界線をはっきりと設定することも助けてくれます。無意識に他人から受けた印象に自己同一化してしまったり、汚染された環境からエネルギーを拾ったりした場合、ヘマタイトシールド(ヘマタイトの盾)を実践することで外側からくるネガティブさを自分のオーラからクリアーにすることを可能にします。

私は個人的に何年もヘマタイトシールドを実践し続けていますし、クリスタルアカデミーの多くの生徒との体験からもこのレイアウトの効果は確認されています。たくさんのネガティブなエネルギーを取り入れすぎたことによって肉体的な不調が起こっている場合、このレイアウトによってオーラを浄化すると、その症状は消えます。自分の肉体の周りにあるエネルギー場を再び自分のものであるとしっかり認識することは、ハイ・ボディーを作るための最初の一歩でもあるのです。

ヘマタイトシールドを実践するためにはできればパートナーに石を置き、呼吸を観察し、時間を計ってもらってください。ヘマタイトのタンブル24個と立方体のパイライトが1個必要です。

まず仰向けになって、クラウンチャクラ以外の全てのチャクラにヘマタイトを置きます。それから両手、両踵の近く、そして足下のアーススターに1つずつ置きます。天然の立方体のパイライトを頭頂に置くことで、マインドが集中力を保つことを助けます。残りの12個のヘマタイトを体の周りに置きますが、このとき体から15センチ以上離します。具体的な場所は、目の位置に2つ、肩の位置に2つ、太陽神経叢の位置に2つ、腰の位置に2つ、膝の位置に2つ、そして足首の位置に2つです。

目を閉じて呼吸に焦点を向けます。吸う息とともに、ソウルスターから金色の光を取り入れ、それが体の中心を通ってアーススターまで行くようにイメージします。吐くときには、あなたの体の中心にある金色の光の柱から、全ての毛穴を通じて光を吐き出し、その光があなたのオーラに置いたヘマタイトとつながることをイメージします。ハイ・マインドの状態で集中し、光が自分の中に入ってきては外側に向かって発することを思い描き続けます。この呼吸の動きに11分間フォーカスします。この間はマインドに入ってくるどんな思考も意識的に手放し、自分のエネルギーをヘマタイトへと送り続けます。ヘマタイトはネガティブな印象を溶かし、それがやってきた源へと送り返すことを助けます。時間になったら、まずオーラのヘマタイトを取り除き、次に体の上の石をはずし、最後にパイライトを取ります。使った後は必ず石を浄化しましょう。

この「シールド（盾）作り」を何度か実践すると、あなたのオーラの中にヘマタイトが定着し始めます。ヘマタイトを置いた部分はオーラを安定させるポイントになり、あなたがハイ・ボディーを作りながら、集中力とエネルギーを保つことを助けてくれます。オーラが強い状態だと、自分の内側と周りに常に光を保つことができるため、外側の力に影響されることが少なくなります。これらの安定点が定着すると、瞬間的に「シールド・アップ（盾を上げる）！」と確言《アファーム》すると、ヘマタイトの盾を活性化することができるようになります。安定点を定着させるためには実践を続けることが大切ですが、一度定着すると24時間、一週間七日、外側のネガティブな影響から自分自身を保護することが可能になるのです。

このレイアウトはモニターと共に行う。モニターは石を置き、スペースを保ち、時間を計り、受け手が常に深い呼吸をしていることを確かめる。

ヘマタイトシールド・レイアウト

目的：

スピリットの力をグラウンディングさせる、オーラを浄化する、内なる強さを得る、個人的な境界線を設定する、外側からのネガティブな影響から保護する。

必要なもの：

ヘマタイトのタンブル 24 個と立方体のパイライト 1 個。

やり方：

- 受け手に横になってもらい、ヘマタイトをクラウンチャクラ以外の全てのチャクラに置く。
- ヘマタイトを両手、両足のかかと、そしてアーススターを活性化させるために足の 15 センチ下に置く。
- 天然の立方体のパイライトをクラウンチャクラに触れるように置く。
- 残りの 12 個のヘマタイトを体から少なくとも 15 センチ以上離して次の位置に置く。目の位置に 2 つ、肩の位置に2つ、太陽神経叢の位置に2つ、腰の位置に2つ、膝の位置に2つ、足首の位置に2つ。
- ゆっくりと深い呼吸をする。吸う息とともにクラウンチャクラから金色の光を取り入れ、体の中心を通ってアーススターへと降りるイメージを持つ。体の中心にある金色の光のイメージを保ったまま、吐く息とともにそれを全ての毛穴から外に出し、オーラにおいたヘマタイトとつなげる。ハイ・マインドで集中し、この呼吸を 11 分間続ける。
- まずオーラのヘマタイトをとり、次に体の上のものをはずす。
- 最後にパイライトをはずし、石を浄化する。

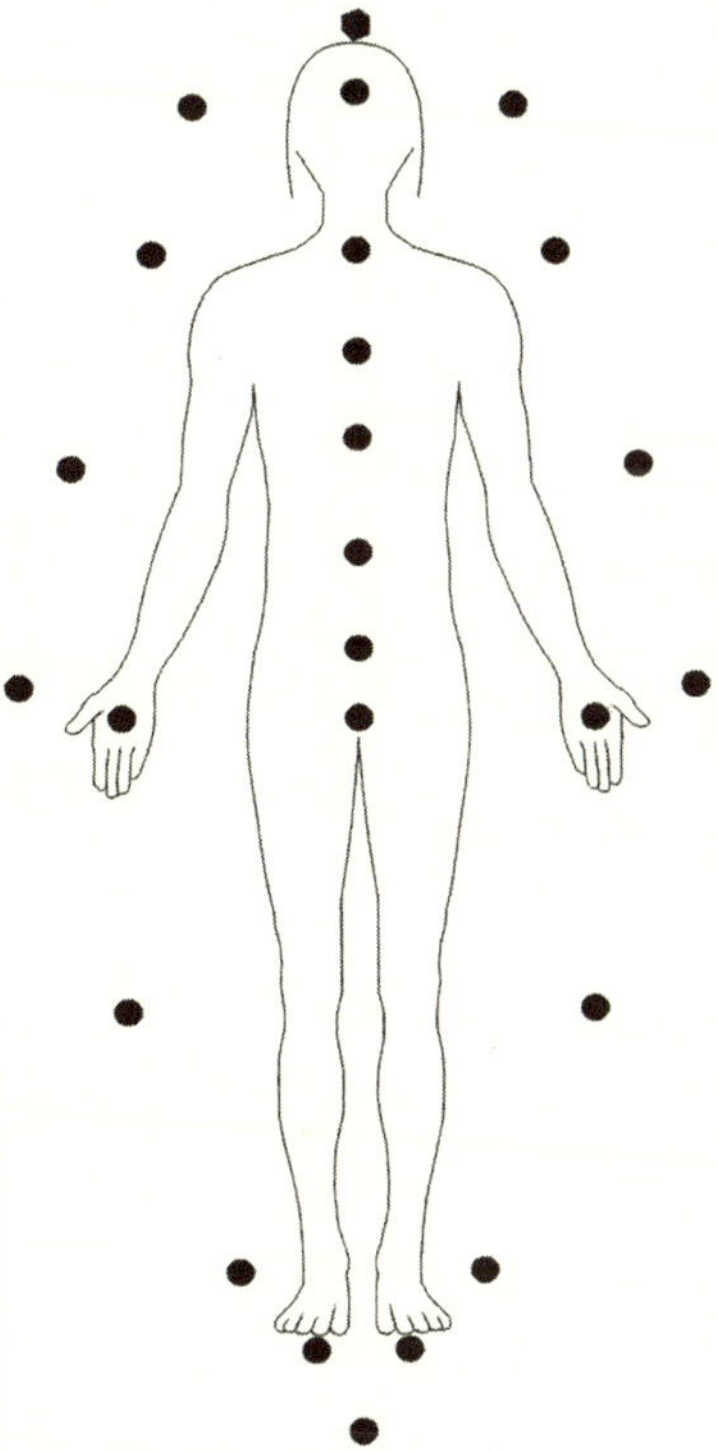

クリスタリン・インフュージョン・レイアウト

クリスタリン・インフュージョン・レイアウトは、ハイ・マインドの状態で少なくとも22分間集中力を保つことが必要です。その間、特定の石のエネルギーをオーラにインフューズ(注ぎ込むこと)していきます。ヘマタイトシールドを続けて、安定点が定着してきたら、ぜひクリスタリン・インフュージョン・レイアウトを実践してみてください。この上級者向けのレイアウトには、石を置き、取り除き、呼吸を観察して、時間を計ってくれる相手《モニター》が必要です。このレイアウトの前半はヘマタイトシールドを11分間行うことで、まずオーラをクリアーにすることから始めます。その後すぐにクリスタリン・インフュージョンに移っていきます。

このレイアウトを行うには、ヘマタイトシールドのためのヘマタイト24個とパイライト1個に加え、特定の一種類の石が24個必要です。どのような効果を得たいかによって選ぶ石を決めてください。例えば、優しく育むようなエネルギーをオーラに注ぎたい場合は、ブルーレースアゲートなどのハイ・ハートの女性性の石がおすすめです。肉体的、感情的毒素に対する免疫力を高めたい場合はペリドット、自分の方向性を明確にしたい場合はドラバイトを使うといいでしょう。

最初にヘマタイトシールドを実践してあなたのオーラを浄化します。終わったらヘマタイトはそのままで、パイライトを頭頂から約15センチ上のソウルスターへと移動させます。そしてインフュージョンする石を、チャクラのヘマタイトの間とパイライトの下に置きます。さらに手のヘマタイトの上方である両手首の上にも置きます。最後に、オーラのヘマタイトの間にも置いていきます。

深く息を吸い始めるとき、オーラに置いた石のエネルギーを吸い込み、体の中心へと集めます。吐くときには、そのエネルギーを再び毛穴から吐き出し、自分を取り囲んでいる空間と石たちに返していきます。ハイ・マインドで集中力を保ち、11分間この呼吸を続けてください。インフュージョンした石のエネルギーをヘマタイトが根付かせてくれます。その石のエネルギーをオーラにまとい、何日間もその影響を楽しむことができます。

終わったらインフュージョンした石をオーラから取り除き、次に体の上から取ります。更にヘマタイトをオーラから取り、それから体からもはずします。最後にパイライトをはずします。石を浄化してください。

これらのレイアウトを他人に実践したときも、自分自身が受けたときも、必ず終わった後に時間を取ってセンタリングし、インフュージョンした石のエネルギーを統合することが大切です。水を飲み、蛋白質のものを少し食べ、少し歩くことで、自分が作った高められた周波数をゆっくり吸収してください。そして、忘れないでください。あなたが自らのハイ・ボディーを活用することで魔法を作り出している、ということを。

クリスタル・インフュージョン・レイアウト

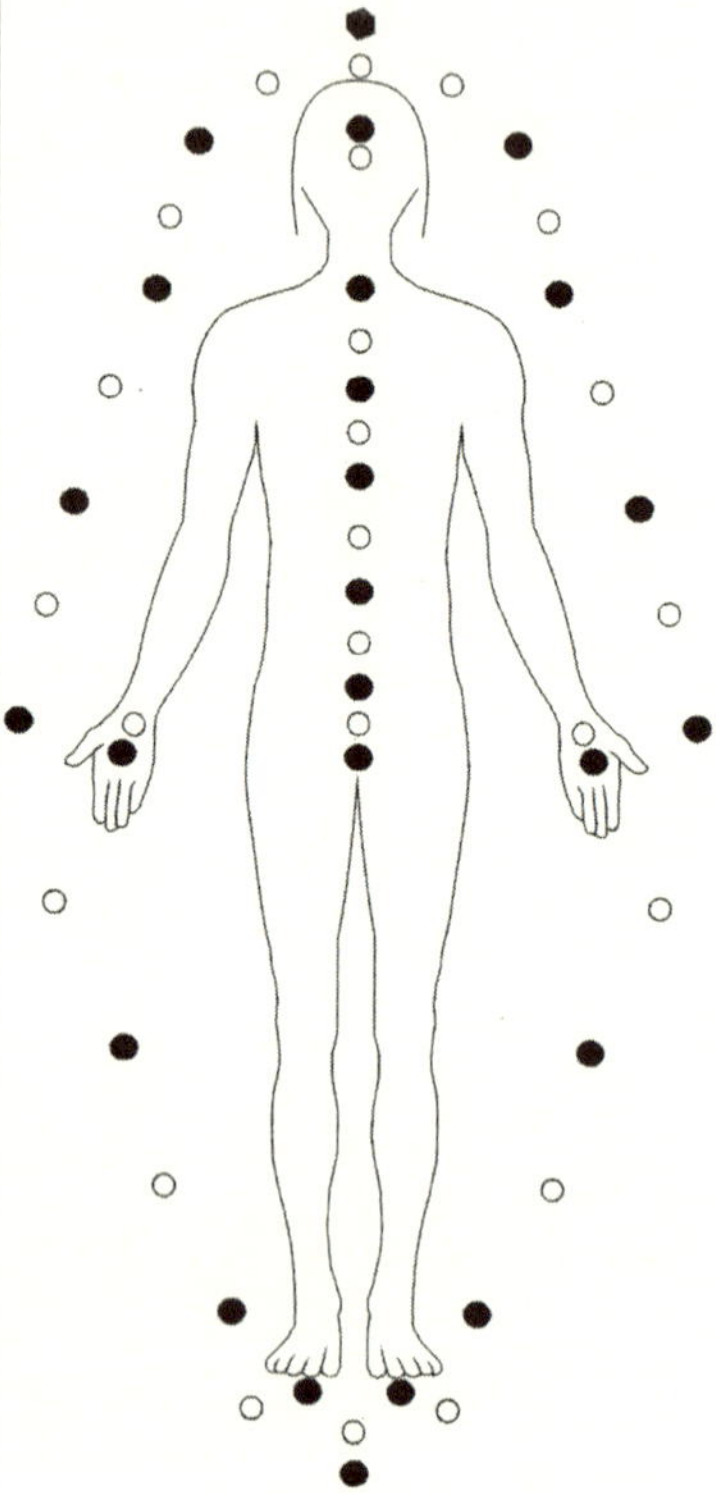

このレイアウトはモニターと共に行う。モニターは石を置き、スペースを保ち、時間を計り、受け手が常に深い呼吸をしていることを確かめる。

目的：
レイアウトのために選んだ特定の石のヒーリング効果をオーラにインフューズする（注ぎ込む）。

必要なもの：
ヘマタイトのタンブル 24 個とパイライト1個、同種類の石（例えばローズクォーツ）を 24 個。

やり方：

- まずヘマタイトシールド・レイアウトを行い、オーラ場をクリアーにする。ヘマタイトはそのままにして、パイライトをクラウンチャクラから 15 センチ上に移動させ、ソウルスターチャクラに置く。
- インフュージョンする石をチャクラの上のヘマタイトの間に置き、パイライトの下にも置く。
- 更にインフュージョンの石を手のヘマタイトの上方である両手首の上に置く。
- インフュージョンの石をオーラ場のヘマタイトの間にも置く。
- ハイ・マインドの集中力を保ちながら深く呼吸する。吸う息とともにオーラに置いた石のエネルギーを体の中心に集める。吐く息とともに、そのエネルギーを全ての毛穴から外に出して周りに広げ、オーラの石に戻す。
- この呼吸を 11 分間続ける。
  終わったらまずオーラ場のインフュージョンの石を取り除き、その後体の上からはずす。
- オーラ場、そして体の上のヘマタイトを取り除く。
- 最後にパイライトをはずし、石を浄化する。

終わりに

クリスタルや石は素晴らしい光のツールであり、私たちのスピリチュアルな成長のプロセスにおいて大きな役割を果たしてくれます。しかし、石とワークするときは、それはツールであり、ひとたび私たちが成功裏に彼らの周波数を吸収したら、もはや必要としないものだ、ということを覚えておく必要があります。クリスタルに自分の力を預けてしまわない、ということを覚えていてください。クリスタルの光を使って自らに力を与えているのは、あなたなのです。

鉱物界はさまざまな驚きに満ちており、内なる調和とバランスについて私たちに教えてくれます。完璧な幾何学的図形として形成されるクリスタルたちは、地球が統合の法則を証明していることを私たちに思い出させてくれます。そしてクリスタルの原子のように、私たちもみんなで連携して、一緒にワークし、統合された人類を作ることができるのです。

『クリスタリン・イルミネーション――5つのボディーを活性化する――』は宇宙のエネルギーの意識的なパイプとしての能力を高めるためにクリスタルを活用する方法です。私たちの本質は星屑からできています。私たちはみな星の存在であり、意図と努力のもと色とりどりに輝く体を作り出し、そこに住むことができるのです。

それぞれのハイ・ボディーはお互いと共時性があり、どれも固体の内なる核から輝いています。宇宙の母体からエネルギーの糸を意図的に引き寄せることによって内なる光を発すると、苦労して手に入れた光の衣を堂々と身にまとい、存在することの限りない素晴らしさであることが可能になります。クリスタリン・イルミネーションの美しい色を身に付けていると、これから何が起こっても自分の魂は適切な対応をしやすくなるのです。

●裁くことなく目撃するハイ・マインドによって、私たちの気づきはクリアーで脅かされないでいます。
●ハイ・ハートで内なる両極をマスターして、自分の中の陰と陽の力を認識し、受け入れることを学んでいます。
●ハイ・フィジカルボディーは、私たちの意志に力を与え、肉体的・感情的免疫力を高めてくれます。
●膝の目は、この世界で魂の目的に沿った明確な方向性を目覚めさせます。
●足の目は、私たちが肉体を持った光の存在であることを思い出させてくれます。足の目を通じて、地球の自然の波長を感じ、魂の進化の中で私たちがいる場所を正確に知ります。

『クリスタリン・イルミネーション』は私たちがものごとに対して自分の中心から自発的に対応できるように準備をさせます。また、死の瞬間にはハイ・ボディーに乗って人格のない無限の空間へと気ままに飛んでいく気にさせます。

これは私の最後の本になると思いますが、クリスタルと私のワークは決して終わりません。自らのハイ・ボディーを作り続けることを通じて、更に深い理解を得たいと思っています。私は愛とともにこの本をあなたに贈ります。ぜひ、最高の意図とともにここにある知識を活用してください。あなたの人生の旅が祝福に満ちたものになりますように。

謝辞

アンドレア・ケーガンに深い感謝をささげます。10冊のベストセラーを生み出した彼女は、励ましと専門家としての知識を持って、私がこの本を編集することを喜んでサポートしてくれました。この情報を読みやすく、理解しやすいものにすることを助けてくれました。また、アンドレアは私がこの世界にもう一冊本を出版する勇気を持つことを助けてくれました。彼女の強さは私にインスピレーションを与えてくれます。長年の愛とサポートに感謝をしています。

澤部はなとエンジェルヒロに感謝をささげます。彼らは私の生徒であり、日本でクリスタルヒーリングの認定コースを教えているティーチャーたちです。何年も私とクリスタルアカデミーとともにいてくれています。彼らの誠実さと正直さを心から信頼しています。私、そしてクリスタルアカデミージャパンを代表してくれていることを誇りに思っています。また、澤部はなはこの本が日本で命を吹き込まれることを助けてくれました。彼女の努力と献身に感謝をします。はなは素晴らしい語学の才能を持って『クリスタリン・イルミネーション』を日本語に訳してくれました。彼女は何度も私が教える上級コースの通訳をしているため、この本の情報に精通しているので、真の形で伝えてくれると信頼しています。さらに、エンジェルヒロにはこの本の表紙の写真を撮影してくれたことにも感謝をします。

カウアイ島でのクリスタルアカデミーのティーチャーであるタニア・ヒューズに感謝をします。彼女はこの本を現実化するための長い期間、無条件の愛、忠誠、正直さ、サポート、そして励ましを与えてくれました。

クリスタルアカデミーのティーチャーであるスージー・ロスとファビエンヌ・ジリオックスに感謝をします。彼女たちは個人的にハイ・ボディーについて研究をし、足の目について説明する言葉を見つけるのを助けてくれました。長年私をサポートしてくれ、どこに行っても光と笑いに囲まれている人たちです。

写真家のロン・ペンドラゴンに感謝をします。彼は鋭い目と、クリスタルの色と形の本質を写真にとらえる能力を持っています。

グラフィック・アーティストのジェフ・フィッシャーマンに感謝をします。レイアウトの図を作る作業を手伝っていただきました。

クリスタルアカデミーの多くの生徒たちに心から感謝します。私がこの本の情報を理解し、最大の尊敬と誠実さを持って活用することを助けていただきました。

そして、和尚エンタープライズジャパンのプラギャーナ藤川に感謝をします。彼は私とともに、『クリスタリン・イルミネーション』を日本の素晴らしい人々のもとにもたらしてくれました。

二〇〇九年　　　　　　　　　　カトリーナ・ラファエル

クリスタリン・イルミネーション

――5つのボディーを活性化する――

2009年4月9日　初版第一刷発行

著者――――――カトリーナ・ラファエル
翻訳――――――澤部はな
写真提供――――エンジェル ヒロ
デザイン――――ジュン
発行者―――――ディヤン・プラギャーナ
発行所―――――和尚エンタープライズジャパン 株式会社
東京都渋谷区幡ヶ谷 3--71--19　〒151-0072
電話 03-3299-8801　FAX 03-3299-8803
URL http://www.kt.rim.or.jp/~oshobook/
E-mal: oshobok@kt.rim.or.jp
印刷所―――――株式会社 シナノ パブリッシング プレス

ISBN978-4-900612-31-0

モジュッド

—説明できない生を生きた人—

和　尚

誰のハートにも隠された「信頼」の扉を開く、スーフィーの絵本。モジュッドという名の男がみちびかれる、不思議な冒険。

本体 3204 円＋税

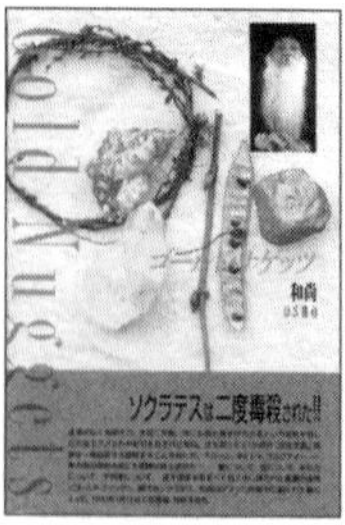

ゴールド・ナゲッツ

和　尚

愛について、生について、私たちが生きているこの世界について。
—神秘家、和尚からの叡智の金塊《ゴールド・ナゲッツ》。

「素晴らしいイラストが添えられた和尚の金言のコレクションだ」

シカゴ・リヴュー・プレス紙

本体 2136 円＋税

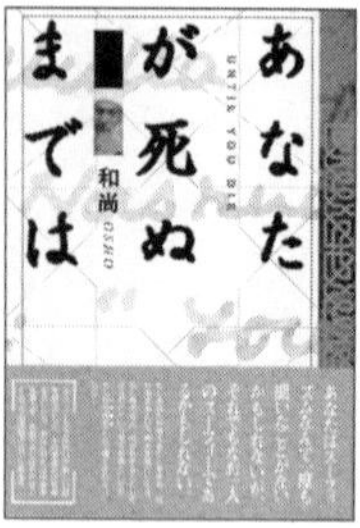

あなたが死ぬまでは

和　尚

スーフィーと呼ばれ、自由と踊ることを愛した人々が残した美しい逸話。頭からハートへ落ちてゆく時、今あるあなたは死ぬ。

本体 2300 円＋税

これこれ千回もこれ

和　尚

「禅ほど大胆なものはない。エキセントリックな人々、自らの実存に耳を傾けるだけのガッツのある個人のものだ」
和尚が語る、禅のエッセンス。

本体 2331 円＋税